GOLDMANN

W0177312

Buch

Die Auflösung des Sowjetimperiums hat längst auf deren islamische Republiken übergegriffen. Mindestens fünfzig Millionen Muslime leben auf dem Gebiet der zerfallenden Sowjetunion, jeder dritte Soldat der sowjetischen Streitkräfte bekennt sich heute zum islamischen Glauben. Der Islam offenbart sich unter vielfältigen Gesichtern zwischen Kaukasus und Wolga, zwischen dem Kaspischen Meer und dem Hochland von Pamir. All diese Nationen streben nach der totalen Loslösung von Moskau, vom »Imperium«, wie sie sagen, und mehrheitlich haben sie ihre formelle Unabhängigkeit längst proklamiert. Ein schmerzlicher, blutiger Prozeß ist in Gang gekommen. Im Kaukasus ist der Bürgerkrieg zwischen schiitischen Aserbeidschanern und christlichen Armeniern schon vor längerer Zeit ausgebrochen. Die Libanisierung ist vollzogen. In Zentralasien kündigen sich schier unlösbare Konfrontationen an, die einst durch die unsinnigen Grenzziehungen Josef Stalins vorprogrammiert wurden. Sogar die Russische Republik Boris Jelzins wird durch das Aufbegehren der Tataren von Kazan, vor allem jedoch durch den unvermeidlichen Rassen- und Religionskonflikt zwischen Russen und Muslimen im angrenzenden Kasachstan an den Rand der existentiellen Krise gedrängt. Noch ist der islamische Fundamentalismus eine Randerscheinung bei den Muselmanen der Sowjetunion. Doch schon treten eifernde Prediger auf, die das Konzept der Nation als eine verwerfliche, anti-islamische Vorstellung, als geistigen Import aus dem Westen verdammen. Sie fordern statt dessen die große brüderliche Gemeinschaft der islamischen »Umma«, den gemeinsamen Gottesstaat aller Gläubigen, und ahnen nicht, daß auch diese Vision zum Scheitern verurteilt ist.

Autor

Dr. Peter Scholl-Latour, Jahrgang 1924, arbeitet seit 1950 als Journalist. Neben Fernseh-, Rundfunk- und Presseberichten über seine zahlreichen Reisen an die Brennpunkte der Weltpolitik entstanden mehrere erfolgreiche Bücher zu verschiedenen Themenbereichen, u. a. die Bestseller *Der Tod im Reisfeld* (1980) oder *Der Wahn vom Himmlischen Frieden* (1990).

Im Goldmann Verlag liegen vom Autor bereits folgende Titel vor:
Asien (12323)
Der Wahn vom Himmlischen Frieden (12828)

PETER
SCHOLL-LATOUR

Den Gottlosen
die Hölle

Der Islam
im zerfallenden
Sowjetreich

»Soll doch in der Hölle
die Wohnstatt der Gottlosen sein!«

Koran, Sure 29

GOLDMANN VERLAG

Recherchen und Bildredaktion: Cornelia Laqua
Karten: Adolf Böhm

Umwelthinweis:
Alle bedruckten Materialien dieses Taschenbuches
sind chlorfrei und umweltschonend.
Das Papier enthält Recycling-Anteile.

Der Goldmann Verlag
ist ein Unternehmen der Verlagsgruppe Bertelsmann

Genehmigte Taschenbuchausgabe Februar 1994
© der Originalausgabe 1991
C. Bertelsmann Verlag GmbH, München
Umschlaggestaltung: Design Team München
Umschlagfoto: Adelheid Heine-Stillmark
und Thomas Gutberlet
Satz: Uhl + Massopust, Aalen
Druck: Presse-Druck, Augsburg
SD · Herstellung: K. Storz-Heinrich
ISBN 3-442-12429-8
Made in Germany

1 3 5 7 9 10 8 6 4 2

Inhalt

Vorwort

Auf dem Gebiet der ehemaligen Sowjetunion vergeht keine Woche ohne eine Umwälzung oder Überraschung. »Die Worte veralten einem im Munde.« Die Ereignisse überstürzen sich innerhalb dieser riesigen Kontinentalmasse, einem Sechstel der Erdoberfläche, die nicht einmal mehr über einen einheitlichen Namen verfügt. Die »Union der Sozialistischen Sowjetrepubliken« ist am 25. Dezember 1991 sang- und klanglos untergegangen. Gorbatschow wurde aus dem Kreml vertrieben und die von ihm propagierte »Union Souveräner Staaten« vom Verhandlungstisch gefegt.

Wie sollte da jene »Gemeinschaft Unabhängiger Staaten« (GUS) Aussicht auf Bestand oder gar Erfolg haben, die Boris Jelzin in seiner neuen Rolle als »Zar aller Reussen« gemeinsam mit den Präsidenten der Ukraine und Weißrußlands – »Belaruss«, wie man heute sagt – bei Brest, also unmittelbar an der polnischen Grenze, aus der Taufe gehoben hat? Von Anfang an stand diese Neukonstruktion im Zeichen ihrer eindeutigen Ausrichtung nach Westen, nach Europa. Die Reaktion ließ nicht auf sich warten. Als Zeichen des Protestes trafen sich die überwiegend islamischen, meist türkischen Republiken Zentralasiens – Kasakhstan, Usbekistan, Turkmenistan, Kyrgystan, Tadschikistan – in der Nähe des iranischen Staatsgebietes, in der turkmenischen Hauptstadt Aschkhabad. Die spätere Zusammenführung von Europäern und Asiaten in einer vagen Konföderation, eben jener von Jelzin erfundenen »Gemeinschaft Unabhängiger Staaten«, konnte nicht darüber hinwegtäuschen, daß die elf Mitglieder der GUS – Aserbeidschan, Armenien und Moldawien waren nachträglich beigetreten – durch extrem divergierende Interessen auseinandergezerrt wurden. Im übrigen verkörpert der robuste Machtmensch Boris Jelzin allzu deutlich jenen großrussischen Hegemonialwillen, dem sich die Randvölker des ehemaligen Zaren- und Sowjetreiches ein für allemal entziehen wollen.

Die Pessimisten haben sich wieder einmal als Realisten erwiesen, und der unermüdliche Chor der Schönfärber und Gesundbeter sollte allmählich verstummen. Die »Gemeinschaft Unabhängiger Staaten« könne sich zu einem »Commonwealth« entwickeln, wie es relativ harmonisch und extrem locker aus den Trümmern des britischen Empire erwachsen war, hatte man zunächst hoffnungsvoll gemeint. Aber von »gemeinsamem Wohlstand« – das ist ja der Sinn des Wortes »Commonwealth« – konnte bei den darbenden und verkommenen Nachfolgerepubliken der UdSSR, inklusive Rußland, überhaupt nicht die Rede sein. Auch der Vergleich mit jener »Communauté«, die Frankreich weiterhin organisch und wirksam mit einer Reihe schwarzafrikanischer Staaten unterhält, ließ sich auf die GUS nicht übertragen, bleibt doch der stabile französische Franc das Rückgrat der »Communauté«, während die rasante Inflation des Rubels ins Währungschaos, auf den Staatsbankrott zusteuert und sich als mächtiger Zusatzfaktor des Verfalls erweist.

Es wäre närrisch, zu diesem Zeitpunkt kurzfristige Prognosen anzustellen. Die Russen selbst sind von Untergangsvisionen geplagt, und viele schließen eine Ausbreitung jener Bürgerkriegswirren nicht aus, die sich bereits der Kaukasus-Republiken bemächtigt haben. Der ehemalige Außenminister Schewardnadse beschwörte schon wieder das Gespenst eines Militärputsches. Der Vizepräsident Rußlands, Oberst Alexander Rutzkoi, erst Weggefährte, dann Rivale Jelzins, verkündete, daß es in seiner Republik »weder Regierung noch Demokratie« gebe. Der Abfall der Ukraine, die sich nach dem kläglich gescheiterten Staatsstreich des August 1991 allen föderativen Absichten

Moskaus widersetzte und nach dem Motto »Rette sich, wer kann« vorging, hat zweifellos gewisse Panikreaktionen in den kaukasischen und zentralasiatischen Republiken beschleunigt. Moskau mischt sich ein. Mit dem Aufstand der Abchasen wird die Republik Georgien erpreßt, und es mutet wie eine Groteske an, daß Edward Schewardnadse nun in die Rolle eines kaukasischen Nationalisten gedrängt wird. Weiter südlich, im Krieg zwischen Aserbeidschan und Armenien um die Enklave Berg-Karabach, haben die russischen Militärs nachdrücklich für ihre christlichen Brüder von Eriwan Partei ergriffen und deren Milizen über eine Luftbrücke massiv mit Waffen versorgt. So gelang es den Beauftragten Jelzins, den pro-türkischen und kemalistischen Staatschef Albufaz Eltschibej zu stürzen und den Armeniern zu einem erstaunlichen Sieg über die ursprünglich weit stärkeren Aserbeidschaner zu verhelfen. Diese Teilerfolge des Moskauer Neo-Imperialismus sollten jedoch niemanden täuschen. In Tiflis und in Baku hat sich inzwischen so viel Wut und Verzweiflung gegen das Intrigenspiel des Kreml angestaut, daß am Ende auch die spätkommunistischen Satrapen, die im Kaukasus etabliert wurden, daran zugrunde gehen dürften.

Überall stehen nunmehr die ehemals roten Potentaten, die sich dank eines immer noch funktionierenden Machtapparates in ihren Führungspositionen behaupten konnten, unter dem Druck extrem nationalistischer und zunehmend religiöser Forderungen ihrer allmählich zur politischen Mündigkeit erwachenden Volksmassen. Selbst der ukrainische Präsident Krawtschuk, ein in der Wolle gefärbter KP-Apparatschik, konnte es sich gar nicht leisten, den Koordinierungswünschen Boris Jelzins entgegenzukommen, wenn er nicht eine gewaltsame Auflehnung der patriotischen Bewegung »Ruch« sowie den Separatismus Ost-Galiziens und Lembergs provozieren wollte. Unter noch stärkerem Druck befanden sich die Staatschefs Ayas Mutalibow von Aserbeidschan, Islam Karimow von Usbekistan, Nursultan Nasarbajew von Kasakhstan. Immerhin verfügten diese neuen »Khane« und »Emire«, wie man sie nennt, noch über so ausgedehnte Manipulationsmöglichkeiten, daß sie sich in den letzten Monaten des Jahres 1991 in ihren jeweiligen Feudalbereichen von einer fast hundertprozentigen Wählerschaft als Staatschefs bestätigen lassen konnten.

Das intensive Machtspiel, das zwischen Moskau und Kiew ausgetragen wird, berührt die west- und mitteleuropäischen Nachbarn unmittelbar. Doch man hüte sich vor dem alteingefleischten Eurozentrismus. Mindestens ebenso bedeutend für die Zukunft des neu entstehenden russischen Reiches sind die dramatischen, wenn auch relativ gedämpften Vorgänge an seinem asiatischen Südrand. Die islamischen Republiken des Kaukasus und Zentralasiens sind keineswegs isoliert oder marginal, wie gelegentlich behauptet wird. Sie geraten bereits in den Sog jener gewaltigen Länder- und Völkermasse islamischen Glaubens, die sich von Pakistan über Iran bis zur Türkei erstreckt. Die ehemals sowjetischen Muslime verfügen über ein mächtiges Hinterland. Eine Vielzahl rivalisierender, relativ potenter Partner buhlen um ihre Gunst.

Die Türkei steht an der Spitze einer wirtschaftlichen und politischen Einflußnahme, die an die alten panturanischen Ideen der Jung-Türken und das Erbe Enver Paschas anknüpft. Die Osmanen nutzen die Tatsache aus, daß – mit Ausnahme der persisch sprechenden Tadschiken – alle nennenswerten islamischen Völkerschaften der ehemaligen Sowjetunion dem türkischen Kulturkreis angehören, daß man sich in Aserbeidschan, in Usbekistan, in Kasahstan, sogar bei den Tataren an der Mittleren Wolga in der gleichen, nur durch dialektale Nuancen differenzierten, türkischen Sprache verständigt.

Das Wettrennen ist im Gange zwischen den immer noch kemalistisch ausgerichteten Sendboten Ankaras und jenen Mullahs von Teheran, die mit der Botschaft der islamischen Revolution hausieren gehen. Die Bemühungen der schiitischen Iraner werden allerdings durch den Umstand gehemmt, daß fast sämtliche Muselmanen des zerborstenen roten Imperiums dem sunnitischen Glaubensbereich angehören. Auch die Emissäre Pakistans sind aufgebrochen und sickern über die Schleichpfade Afghanistans in

Mittelasien ein, ganz zu schweigen von jenen Korangelehrten und Predigern aus Saudi-Arabien, die ihre fromme Argumentation mit klingenden Petrodollars und großzügigen Spenden für den Bau neuer Moscheen und Medressen untermauern.

Als »Armenhaus der Sowjetunion« waren bisher jene südlichen Teilrepubliken bezeichnet worden, die überwiegend von Muselmanen bevölkert sind. Tatsächlich lag das Realeinkommen der Russen und Ukrainer weit über der kläglichen Entlohnung des durchschnittlichen Usbeken, Kasakhen oder Turkmenen. Heute wird die These weiterhin verfochten, die islamischen Nachfolgerepubliken zwischen Baku und Alma Ata entbehrten jeder Überlebenschance, falls die Nabelschnur zur übermächtigen Russischen Föderationsrepublik und zur Ukraine radikal durchschnitten würde. Auch hier hüte man sich vor dem trügerischen Schein und einer geschickt gesteuerten Desinformation. Im Schatten ihrer koranischen Überlieferungen haben sich in Mittelasien und im Kaukasus intakte Sippen- und Clan-Strukturen erhalten. Es behaupten sich dort weiterhin eine familiäre Solidarität, eine Verbindlichkeit der täglichen Umgangsformen, die sich von der Verrohung der Sitten im ostslawischen Bereich überaus vorteilhaft unterscheiden.

Die asiatischen Teil-Republiken sind von der Moskauer Zentrale schonungslos ausgebeutet worden. Dennoch lebte es sich besser in Taschkent als in Moskau, besser in Baku als in Leningrad. Das Angebot auf den südlichen Märkten ist – an russischen Verhältnissen gemessen – stets üppig und preiswert gewesen. Seit diese Nachfolgestaaten über ihre Ressourcen in eigener Instanz verfügen, ausländische Investoren ermutigen, die Privatisierung ihrer Wirtschaft im Stile ererbter Bazar-Traditionen anpacken können, stehen ihnen reale Entwicklungschancen offen. So verfügt Kasakhstan über unermeßliche Reserven an Erdöl, Erdgas, Kohle und Mineralien. Usbekistan ist einer der größten Baumwollproduzenten der Welt und schürft einen beachtlichen Teil der bisherigen sowjetischen Goldproduktion. Aserbeidschan hat amerikanische Petroleumkonzerne ins Land gerufen, um die Off-shore-Vorkommen im Kaspischen Meer zu erschließen. Die Landwirtschaft dieser Republik würde – bei vernünftiger Nutzung – ausreichen, um den ganzen Kaukasus zu ernähren. Wenn der dortige Präsident Mutalibow sich so selbstbewußt verselbständigte, die auf aserbeidschanischen Boden stationierten Truppen seinem Befehl unterstellte und jede russische Einmischung in den Konflikt mit Armenien um den Besitz von Nagorny-Karabagh von sich wies, so handelte er aus einer Position der Stärke. Die Waffen für seine Nationalarmee, so ließ Mutalibow bereits wissen, könne er sich auch in der Türkei oder im Iran beschaffen.

Die Moskauer Wirtschaftsplanung hatte siebzig Jahre lang systematisch darauf hingewirkt, jeden Ansatz regionaler Autarkie im Keim zu ersticken. Jedes Kombinat und jede Fabrik der Union sollten von Zulieferungen aus anderen Landesteilen abhängig bleiben. Ein solches System industrieller Entmündigung der diversen Teil-Republiken setzte eine halbwegs funktionierende Infrastruktur und vor allem ein leistungsfähiges Transportsystem voraus. Davon kann heute nicht mehr die Rede sein. Wenn bereits ein Güterversand von Rostow am Don nach St. Petersburg ein fast unlösbares Problem darstellt, wie steht es da erst um den Warenverkehr zwischen Taschkent und Kiew?

Die asiatischen Mitglieder der »Gemeinschaft Unabhängiger Staaten« haben ihre geographische Umorientierung bereits eingeleitet. Zwischen Aserbeidschan und Iran wurden alle Grenzhindernisse auf Weisung Bakus beseitigt. In Rekordzeit wurde eine Brücken- und Eisenbahnverbindung zwischen der aserbeidschanischen Exklave Nakhitschewan und dem türkischen Ost-Anatolien fertiggestellt. Die Islamische Republik Iran baut ihr Schienennetz in Richtung Turkmenistan aus. Zwischen der kasakhischen Hauptstadt Alma-Ata und der chinesischen Provinz Sinkiang wird die längst geplante Eisenbahntrasse energisch ausgebaut. Schon tummeln sich ostasiatische Wirtschafts- und Expertendelegationen in jener Region, die man einst als den »Hängebauch« der Sowjetunion bezeichnete und die längst keine Moskauer Exklusivdomäne mehr ist. Südkorea liegt gemeinsam mit Japan im Rennen, und die Volksrepublik China – ungeachtet der eigenen islamisch-türkischen Völkerschaften in ihrer Westregion – drängt als Handelspartner hemdsärmelig nach vorn. Die einst sowjetischen Zentralasiaten träumen vom südkoreanischen Wirtschaftsmodell, und Präsident Karimow von Usbekistan pries sogar das chinesische Entwicklungsexperiment der »Kleinen Schritte«.

Kurzfristige Prognosen, so sagten wir bereits, sind unmöglich. So haben die Studenten von Taschkent im Februar 1992 den Anfang gemacht mit unkalkulierbaren Protestbewegungen. Langfristige Perspektiven hingegen drängen sich dem Beobachter auf. So wäre es töricht, den islamischen Republiken eine Ausrichtung auf westliche Demokratievorstellungen, auf politischen Pluralismus oder Parlamentarismus abzufordern. Wir werden es in all diesen Staaten mit Autokraten zu tun haben. Die meisten dieser Staatschefs sind ja ohnehin durch die Kaderschulen der Kommunistischen Partei gegangen, und vielleicht mußte der georgische Staatschef Swiad Gamsachurdia – immerhin von siebenundachtzig Prozent seiner Landsleute in freier Wahl bestätigt – dafür büßen, daß er als einziger unter den vielen neuen Potentaten ein echter Widerstandskämpfer war und dem Club der ehemaligen Apparatschiks der KPdSU nicht angehörte.

Durch gebieterische Maßnahmen, Zügelung der Opposition, Disziplinierung der Volksstimmung, notfalls durch Verhängung des Ausnahmezustandes – so argumentierten die Machthaber – müsse ein Minimum an Ordnung aufrechterhalten werden, um die wirtschaftlichen Sanierungsmaßnahmen mit all ihren rüden Folgen durchstehen zu können. Selbst der Russe Boris Jelzin tat sich ja überaus schwer in der Rolle als Hoffnungsträger. Die Freigabe der Konsumpreise, die Anordnung durchgreifender Rentabilisierungsprogramme mußten zwangsläufig eine schreckliche Massenarbeitslosigkeit auslösen, die durch keine wirksame soziale Fürsorge abgesichert war. Die Vorzüge der freien Marktwirtschaft liefen Gefahr, in einer beispiellosen Wirtschaftskriminalität unterzugehen.

Hartnäckig klammerten sich die amerikanischen Hoffnungen – vor allem mit Rücksicht auf das apokalyptische Nuklearpotential der sowjetischen Streitkräfte – auf die Beibehaltung eines zentralen Militärkommandos. Auch diese Illusion ist jedoch geplatzt. In der GUS – solange sie noch existieren mag – ist kein Platz mehr für eine gemeinsame Befehlsgewalt. Es ist nur eine Frage der Zeit, bis die buntscheckigen Truppen der UdSSR, die sich aus zahllosen, verfeindeten Nationalitäten rekrutieren, vollends auseinanderfallen. Selbst für das übermächtige Rußland ist der Weg zur Berufsarmee vorgezeichnet. Ob sich am Ende ein russischer Bonapartismus abzeichnet, ist zur Stunde nicht auszuschließen. Die Rolle eines imperialen Ordnungshüters wird die russische Armee jedenfalls nicht antreten können. Sie vermag sich allenfalls gegenüber ein paar revoltierenden Minderheiten in ihrem eigenen, dem russischen Föderationsbereich durchzusetzen.

Im Kaukasus wurden die slawischen Truppenteile, die bislang die armenischen und aserbeidschanischen Todfeinde auf Distanz hielten, im Januar 1991 abgezogen. Eine bewaffnete Intervention in Zentralasien dürfte am Ende ähnlich erfolglos verlaufen wie einst der achtjährige französische Algerien-Krieg. Trotzdem wird sich mancher russische Kommandeur moralisch verpflichtet fühlen, seinen in Mittelasien lebenden Landsleuten mit Waffengewalt zur Hilfe zu eilen, wenn eines Tages die künstlich geschürten nationalen Gegensätze in diesem Raum von einer islamisch-fundamentalistischen Sturmflut überschwemmt und die europäischen Kolonisten – mindestens zehn Millionen Menschen – um ihr Hab und Gut, ja, um das nackte Überleben fürchten müssen.

Im Nordkaukasus spielte sich im November 1991 ein beachtenswerter Vorgang ab: In der kleinen Autonomen Republik der Tschetschenen und Inguschen – islamische Volksgruppen, die insgesamt weniger als eine Million Menschen zählen – verfügte plötzlich der siebenundvierzigjährige, vorzeitig pensionierte General Dschochar Dudajew die Abspaltung seines Landes von der Russischen Föderationsrepublik. Er verschaffte dieser Forderung

Nachdruck, indem er mit seinen Freischärlern die Amtsgebäude der Hauptstadt Grozny besetzte, einen nationalen Kongreß einberief und seine Souveränitätserklärung durch die Abgeordneten fast einstimmig absegnen ließ. Die Unabhängigkeit der Tschetschenen, von Deputierten in hohen Lammfellmützen jubelnd akklamiert, wurde von dem islamischen Kampfruf »Allahu akbar« begleitet.

Dudajew leistete seinen Eid als Führer dieser Zwergrepublik auf den Koran. Später wollte er sogar die islamische Rechtsprechung, die »Scharia«, einführen. Als Boris Jelzin von Moskau aus den Ausnahmezustand verhängte und die Verhaftung des rebellierenden Tschetschenen-Generals anordnete, wurde der russische Präsident von seinen eigenen Deputierten in aufsehenerregender Weise überstimmt. Schon solidarisierten sich die übrigen, teilweise winzigen Kaukasusgebiete mit ihren tschetschenischen Brüdern. Den russischen Deputierten in Moskau stand wohl nicht der Sinn nach einem »zweiten Afghanistan«.

Der Regionalstreit um die Tschetschenen und Inguschen ist noch längst nicht ausgestanden. Der Funke der nationalen und islamischen Wiedergeburt ist bereits auf die benachbarte Autonome Republik Daghestan übergesprungen, die sich seit dem 19. Jahrhundert – trotz ihrer inneren Zerrissenheit – als Brennpunkt und Bastion des antirussischen Widerstands behauptet. Schon richten diese aufsässigen Muselmanen ihre Hilferufe an die gesamte islamische Welt, und die Türkei wächst in eine Schutzmachtrolle hinein, die ihr nach dem Fall des Osmanischen Reiches niemand mehr zugetraut hätte. Düstere Ironie der Geschichte: Die Tschetschenen und Inguschen waren während des Zweiten Weltkrieges wegen Kollaboration mit der vorrückenden deutschen Wehrmacht von Josef Stalin zur brutalen Deportation nach Zentralasien verurteilt worden. Dort hatten diese in ihren eifernden Sufi-Orden organisierten Kaukasier die fast erloschene islamische Gläubigkeit der Kasakhen neu entfacht, ehe sie 1957 – aufgrund eines Gnadenerlasses – wieder in ihre angestammte Heimat zurückkehren durften.

Für Boris Jelzin und darüber hinaus für die riesige Föderationsrepublik Rußland mit ihren sechzehn autonomen Mitgliedsstaaten leuchten drohende Signale der territorialen Zersplitterung auf, zumal auch die tatarischen Nationalisten von Kazan im Oktober 1991 gegen den zur Hälfte mit Russen besetzten Obersten Sowjet ihrer Autonomen Republik an der Mittleren Wolga mit Gewalt vorgegangen sind. Unter der grünen Fahne des Propheten haben sie die Milizionäre verprügelt und die Abgeordneten gezwungen, die Loslösung Tatarstans von Rußland auszurufen. Der Konflikt schwelt weiter, und allein an diesen zwei Beispielen wird ersichtlich, wie rasant sich die Krisensymptome überlagern, welchen Imponderabilien, welchen Zufällen jede Lagebeurteilung unterworfen bleibt.

Vollauf dramatisch hat sich seit Herbst 1991 die Situation in der riesigen Steppenrepublik Kasakhstan entwickkelt. Dort gebärdete sich der eigenwillige Präsident Nursultan Nasarbajew wie ein neuer Groß-Khan. Schon profilierte er sich neben Jelzin als maßgeblicher Staatsmann im ehemals sowjetischen Unionsbereich und nahm die Huldigungen des In- und Auslandes entgegen. Für Washington, für Bonn, für Peking und Brüssel ist Nasarbajew ein unentbehrlicher Gesprächspartner geworden. Gestützt auf die in Kasakhstan gelagerten Interkontinentalraketen der ehemaligen Sowjetmacht, hat Nasarbajew der verblüfften Menschheit mitgeteilt, seine unabhängige Republik betrachte sich nunmehr als Atommacht und verlange ein Mitspracherecht bei den laufenden Abrüstungsverhandlungen. Jedenfalls verfügt die Regierung von Alma-Ata nunmehr über eine beachtliche »bargaining power«. Allerdings ist Nasarbajew klug genug, durch eine demonstrative Kooperationspolitik mit Rußland die Gefahr des Auseinanderplatzens seiner multi-ethnischen Republik fernzuhalten. Die Zeit arbeitet ohnehin für die Abchasen.

Zu einem Zeitpunkt, da diverse Staaten des islamischen Gürtels von Pakistan bis Algerien krampfhaft nach dem Erwerb einer »islamischen Atombombe« trachten, ist die Verstreuung von rund sechzehntausend taktischen Nuklearwaffen – Kurzstreckenraketen und Granaten – über deren Plazierung, geschweige denn über deren Verfügungsgewalt keine präzisen Informationen vorliegen, zum Alptraum des Westens geworden. Der amerikanische Nachrichtendienst CIA rechnet damit, daß eine Vielzahl hochqualifizierter sowjetischer Atom- und Raketenspezialisten sich als Söldner in gewissen Schwellenländern verdingen könnten. Schon wurde aus Rom gemeldet, eine nukleare Gefechtsfeldwaffe der sowjetischen Streitkräfte sei für zwanzig Millionen Dollar an einen nicht näher bezeichneten islamischen Staat verhökert worden. Deutsche Stellen warnten vor einem Geschäft mit angereichertem Plutonium, das die Republik Tadschikistan – am Rande des Pamir-Gebirges gelegen – getätigt habe. Präsident Bush hatte versucht, mit der krampfhaften Unterstützung Gorbatschows wenigstens den Schein einer zentralen nuklearen Kommandoinstanz in Moskau zu erhalten. Dieser Verzweiflungsakt ist gescheitert, und der atomaren Weiterverbreitung, der nuklearen Proliferation, sind nunmehr Tür und Tor geöffnet.

Als erster islamischer Nachfolgestaat hatte Kasakhstan seine Aufnahme in die Vereinten Nationen beantragt. Präsident Nasarbajew braucht eine internationale Bestätigung seines derzeitigen territorialen Besitzstandes, ist doch der ganze Norden Kasakhstans von einer gewaltigen Überzahl russischer Siedler bevölkert. An dieser Nahtstelle zwischen christlichen oder atheistischen Slawen einerseits, muslimischen, meist türkischen Asiaten andererseits könnte in den folgenden Jahren ein schwelender Krisenherd, eine blutende Wehrgrenze aufbrechen, die sich quer durch die mittelasiatische Landmasse zöge. Rußland würde dadurch in einen uferlosen Konflikt verwickelt, der – einem Sprecher des militärisch-industriellen Komplexes zufolge – Erinnerungen an das traumatische »Tataren-Joch« des ausgehenden Mittelalters wecke.

Nach dem Abfall der Ukraine wird das Schwergewicht Rußlands unweigerlich in Richtung Asien verlagert und abgedrängt. »The great game« nannten einmal die britischen Kolonialherren Indiens jenen abenteuerlichen Einflußkampf, den sich das Zarenreich und das Empire vor hundert Jahren um den Besitz Zentralasiens lieferten. Das

21. Jahrhundert könnte Zeuge eines vergleichbaren Ringens werden. Charles de Gaulle, der oft mit seinen Voraussagen recht behielt, sprach schon in den sechziger Jahren von dem sibirisch-russischen Vakuum im Norden Asiens, das unvermeidlich eines Tages dem Bevölkerungsdruck und der wachsenden Dynamik des chinesischen Milliardenreiches ausgesetzt wäre. Völlig originäre Kräfteverschiebungen sind in Gang gekommen, die auch das scheinbare Monopol der USA, die amerikanische Stellung als alleiniger Welt-Hegemon gründlich erschüttern dürften.

Inzwischen frißt sich die staatliche Auflösung fort. Viel schneller als vermutet breitet sich in den überwiegend islamisch bevölkerten Republiken der ehemaligen Sowjetunion die religiöse Strömung aus. Die muselmanischen Völker des zerfallenden roten Imperiums betrachten die Höllenfahrt ihrer entmachteten kommunistischen Kolonialherren mit Verwunderung und fassungslosem Staunen. Sie mögen darin die göttliche Allmacht und die Bestätigung jenes Koranverses erkennen, demzufolge Allah den Geduldigen, den Standhaften beisteht. Die Prediger und Imame zwischen Duschanbe und Baku werden nicht müde, in ihren Appellen an die Gläubigen auf jenes Gottesgericht – »yaum ud din« – zu verweisen, das am Ende einer gigantischen Anmaßung die frevlerische Heerschar der Gottlosen heimsucht.

Das große Erwachen

Schon wieder der Islam! Eine gewisse Ermattung oder sogar Überdruß mag sich beim Leser einstellen, wenn unentwegt von bärtigen Mullahs und steinewerfenden Palästinensern, von koranischer Wiedergeburt und fundamentalistischer Rückbesinnung auf die Lehre des Propheten Mohammed, von der Revolution im Namen Allahs die Rede ist. Und dieses Mal noch dort, wo man es bis vor kurzem am wenigsten erwartet hätte: in der Sowjetunion!

Hat das religiöse Erdbeben, das der Ayatollah Khomeini im Iran ausgelöst hat und dessen seismische Stöße immer noch nachhallen, denn nicht genügt? Ist der Golfkrieg zwischen Amerikanern und Irakern nicht mit Aufrufen zum »Heiligen Krieg« einhergegangen, deren Echo sich übrigens in Grenzen hielt? Sorgt zur Stunde der zeitlose Erbstreit im Hause Abraham zwischen den verfeindeten semitischen Brüdern, zwischen Juden und Arabern, nicht für einen beispiellosen diplomatischen Aktivismus, an dessen Ende vermutlich doch wieder nur eine trügerische Scheinordnung stehen wird?

Und jetzt soll das sowjetische Imperium, der Vielvölkerstaat Michail Gorbatschows herhalten, um die islamische Problematik anzuheizen, um die Zwangsvorstellung von der mohammedanischen Dauerkrise neu zu schüren? Dem möchte ich entgegenhalten, daß man gewissen Schicksalszwängen nicht entrinnt, daß die Chronistenpflicht nicht nur darin besteht, akute Vorgänge gewissenhaft zu beschreiben und die »Ursachen der Dinge« zu erhellen. Der faszinierende Anreiz bei der Schilderung des Zeitgesche-

Linke Seite:
Noch erhebt der falsche Prophet Lenin seinen richtungweisenden Arm über dem Freiheitsplatz in Baku.

*Freitagsgebet in
Duschanbe,
Tadschikistan.*

hens, der Aufspürung des Zeitgeistes ist in der Voraus-
sage, in der Deutung des Kommenden zu suchen.

In den vergangenen Jahren ist die Bipolarität zwischen
Washington und Moskau zu Ende gegangen. Neue Analy-
sen drängen sich auf. Die dramatische Schwächung, der
Zusammenbruch des bolschewistischen Imperiums liegen
vor aller Augen offen. Die derzeitige Alleinherrschaft der
Vereinigten Staaten wird sich vermutlich sehr bald an den
Unberechenbarkeiten, den schrecklichen Entgleisungen
abnutzen und zerreiben, die sich in der sogenannten »Dritten Welt« ankündigen, ein irreführender Sammelbegriff
übrigens für total unterschiedliche und bereits antagonisti-
sche Kulturkreise der farbigen Menschheit.

Die islamische Krise der Sowjetunion, das ist kein willkürlich aufgebauschter Popanz. Während man noch vor
kurzem die Zahl der dortigen Mohammedaner auf etwa
vierzig Millionen schätzte, hat sich die Zahl in den russischen Statistiken bereits auf fünfzig Millionen erhöht,
während die sowjetische Veröffentlichung »Argumenti i
fakti«, die schwerlich zur Übertreibung neigt, von nunmehr sechzig Millionen Muselmanen spricht.

Tatsache ist, daß aufgrund der Bevölkerungsexplosion, die vor allem in den überwiegend islamischen Sowjetrepubliken Mittelasiens stattfindet, von nun an jeder dritte Wehrpflichtige der sowjetischen Streitkräfte ein Muslim ist. Im Jahre 1990 war laut offiziellen Angaben die Zahl der Rekruten aus der an Afghanistan grenzenden Teilrepublik Usbekistan höher als die aus der Ukraine.

Eine solche Gewichtsverschiebung bleibt nicht ohne Folgen. Im Afghanistankrieg offenbarte sich plötzlich, daß die Muselmanen der Sowjetunion – gegen mit ihnen verwandte Völker und Glaubensbrüder eingesetzt – recht unsichere Kantonisten waren. Wenn der Kreml sich auf dem Balkan und in Mittelost als Garant des Status quo, der territorialen Unverletzlichkeit der dort existierenden Staatswesen aufspielte, so vor allem im Hinblick auf die sich abzeichnenden Sezessionsbewegungen in den eigenen Randzonen. Die Sorge Gorbatschows war dabei vermutlich weit weniger auf das Baltikum oder auf die überwiegend rumänisch geprägte Republik Moldawien gerichtet.

Im Kaukasus und in Zentralasien, in den unendlichen Steppen Kasachstans, aber auch in den muslimischen Siedlungsgebieten der Wolga-Tataren und der Baschkiren wird die eigentliche Existenz- und Überlebensfrage des großen roten Imperiums ausgetragen. Während des Golfkrieges war die Sowjetunion aus Rücksicht auf die Stimmung bei den eigenen muselmanischen Völkern in ihren Bewegungen gehemmt. Erst seit Michail Gorbatschow weitgehend entmachtet wurde, konnte er es sich in Madrid leisten, seine diplomatische Ausrichtung auf die amerikanische Nahost-Politik ganz offen darzutun. Doch die neue russische Führung im Kreml wird der brodelnden Stimmung in den überwiegend islamischen Republiken ihrer Nachbarschaft Rechnung tragen und einen sehr behutsamen Kurs steuern müssen. Nicht nur im nördlichen Kaukasus, in der Autonomen Republik Daghestan, sondern auch in Kazan, im Herzen Rußlands, wurde während des amerikanischen Feldzugs gegen Saddam Hussein unter der grünen Fahne des Islam für die muslimischen Brüder des Irak demonstriert.

Meine erste Reise nach Usbekistan habe ich im Winter 1958 unternommen. Ich kam gerade aus Nordafrika und stand unter dem Eindruck des algerischen Aufbäumens gegen die spätkoloniale Präsenz Frankreichs, eine Revolte, die sowohl nationalistisch als auch islamistisch geprägt war.

Bevor ich von Moskau nach Taschkent und Samarkand weiterreiste, hatte ich den damaligen deutschen Botschafter Kroll, der im Ruf eines vorzüglichen Rußlandexperten stand und sich seiner guten Beziehungen zu Nikita Chruschtschow rühmte, gefragt, ob der Sowjetunion in ihren zentralasiatisch-islamischen Republiken oder gar im Kaukasus eines Tages ein ähnliches Schicksal bevorstehen könne wie den Franzosen im Maghreb. Botschafter Kroll fand eine solche Analogie grotesk. Von nationaler Aufsässigkeit oder gar von religiöser Wiedergeburt könne unter der Allgegenwart der Kommunistischen Partei und unter der Fuchtel der sowjetischen Sicherheitsorgane überhaupt nicht die Rede sein, meine Frage zeuge von krasser Ignoranz.

*

Die Kurzsichtigkeit scheint eines der Merkmale der hastigen Medienberichterstattung, aber auch der neuen Entwicklungen nachhechelnden Diplomatie zu sein. Wer hatte in Ost und West schon bedacht, daß man sich – um mit Teheran zu sprechen – in der Person Saddam Husseins ein orientalisches »Frankenstein-Monstrum« hochzüchtete, als Moskau, Washington und Paris den irakischen Diktator mit modernstem Kriegsmaterial überhäuften, ja, ihm aktive Waffenhilfe angedeihen ließen?

Wie konnte es geschehen, daß der schwelende Zerfall Jugoslawiens die Krisenstäbe erst beschäftigte, als Titos Staat gewaltsam auseinanderbrach? Wie lange werden Politiker und Öffentlichkeit noch brauchen, um das endlos diskutierte »Asylanten-Problem« als das zu erkennen, was es wirklich ist, nämlich eine neue, doppelte Völkerwanderung in Richtung auf die blühenden Gefilde der Europäischen Gemeinschaft? Die eine bricht von Süden her über

Linke Seite: Russische Soldaten als Ordnungshüter im Kaukasus.

das Mittelmeer auf, die andere ballt sich im darbenden Osten zur unwiderstehlichen Einsickerung zusammen.

Sehr wohl erinnere ich mich noch an eine Talk-Show im deutschen Fernsehen, bei der wenig kenntnisreich, aber kategorisch über die Mittelstreckenraketen in Europa debattiert wurde. Als ein ziemlich hilfloser Bundeswehrgeneral einwandte, man solle nicht nur auf das Arsenal im Herzen unseres Kontinents starren, sondern auch jene Trägerwaffen berücksichtigen, die sich im nahöstlichen und nordafrikanischen Nachbarraum multiplizierten, wurde er durch das fröhliche Gelächter der Moderatorin zurückgewiesen: Mit dieser orientalischen Bedrohung könne sie ruhig schlafen, ließ sie den Offizier wissen. Das war wenige Monate vor Ausbruch des Golfkrieges und dem Abschuß der Scud-B-Raketen Saddam Husseins gegen den jüdischen Staat.

Der Islam und die Sowjetunion? Die erste schicksalhafte Kraftprobe hat bereits stattgefunden. Was niemand für möglich gehalten hatte: Der Afghanistankrieg ist für die Sowjetunion, insbesondere für die russischen Soldaten, zu einem traumatischen Erlebnis geworden. Hier wurde eine psychologische Verwundbarkeit offengelegt, wie man sie bislang nur den Amerikanern mit ihrem beklemmenden Vietnamsyndrom zugetraut hätte. Überall, wo es in der Sowjetunion knirscht, stößt man auf jene »Afghanzi«, auf die Veteranen dieses schmerzlichen und demütigenden Feldzuges am Hindukusch.

Es mag wie eine krampfhafte Vereinfachung klingen, wenn man die militärische Niederlage Moskaus in Afghanistan mit all jenen Erneuerungs- und Auflösungserscheinungen in Zusammenhang bringt, die das sowjetische Imperium seit sechs Jahren erschüttern. Aber es ließe sich ernsthaft darüber debattieren, ob der Aufstieg Gorbatschows zum Generalsekretär der KPdSU, ob die Entwicklung von Glasnost und Perestroika, ob der Kollaps des russischen Paktsystems in Osteuropa inklusive der sensationellen, alle Voraussagen über den Haufen werfenden nationalen Einigung Deutschlands sich ohne den psychologischen Schock am Hindukusch und die dort geschürten

Selbstzweifel am Bestand der Sowjetmacht hätten vollziehen können. Der »Urknall« der neuen sowjetischen Entwicklung, wohin sie auch immer treiben mag, hat in Afghanistan stattgefunden, und der Widerstand der dortigen Mudschahidin hatte sich im Zeichen eines militanten, sendungsbewußten Islam behauptet.

Es ist kein leichtes Vorhaben, das wir uns mit der Erkundung des Islam in der Sowjetunion vorgenommen haben. Die Religion des Propheten, durch siebzig Jahre gezielter atheistischer Repression in den Untergrund gedrängt, hat sich der Tarnung, der Verheimlichung, des taktischen Ausweichens, sogar der opportunistischen Anpassung bedient, um recht und schlecht zu überleben.

Der Siedlungsraum der Muselmanen erstreckt sich von Litauen bis zum Altai, und es bedurfte der jüngsten Absage an die offizielle »Gottlosenpolitik«, um festzustellen, daß allein in Moskau eine Million Korangläubige leben, unter ihnen 700 000 Tataren.

Unser traditioneller Geschichtsunterricht hatte immer von jenen Invasionen Rußlands berichtet, die von Westen her gegen die Moskowiter vorgetragen wurden – von den

Demonstration mit der Fahne des unabhängigen Aserbeidschan in Baku 1991.

25

Polen und Litauern zu den Schweden Karls XII., von den Grenadieren Napoleons zu den Marschkolonnen Wilhelms II. und Adolf Hitlers. Daß das gesamte europäische Rußland nach dem großen Mongolensturm fast drei Jahrhunderte lang den Khanaten der Tataren, das heißt islamischen Herrschaftssystemen unterworfen war, daß die Großfürsten und Zaren des heiligen Rußland – einschließlich des illustren Alexander Newski – ihre Huldigung den längs der Wolga kampierenden muselmanischen Steppenvölkern entrichteten, daß erst Peter der Große den letzten Tribut an die Krim-Tataren wutentbrannt versagte, ist den wenigsten bekannt.

Generationenlang hatte die blaue Standarte mit dem goldenen Dreizack, das Feldzeichen der Goldenen Horde, die Bojaren und die Leibeigenen Rußlands mit Furcht und Schrecken gelähmt. Das Tatarenjoch hat sich in das ostslawische Unterbewußtsein tief eingegraben.

*

Bei der Aufspürung des Islam in der Sowjetunion stehen wir vor einer verwirrenden Vielfalt, vor krassen Widersprüchen und oft genug vor einer Mauer des Schweigens. Wie sollen wir diese fünfzig oder sechzig Millionen Anhänger des Propheten Mohammed auf einen Nenner bringen, wo die einen dunkelhäutig und schlitzäugig wie die Mongolen Dschingis-Khans daherkommen, die anderen blond und blauäugig wie Skandinavier? Die Aserbeidschaner des Kaukasus bekennen sich zum schiitischen Glaubenszweig, zur »Partei Alis«, und kommen nicht umhin, der aufwühlenden Botschaft des toten Khomeini zu lauschen.

Die große Manövriermasse von rund dreißig Millionen zentralasiatischen Sunniten lebt in den von Stalin willkürlich und sinnlos zurechtgestutzten Teilrepubliken – zwischen dem verdurstenden, verfaulenden Aral-See und den Gletschern des Pamir. Großes Erstaunen wurde geäußert, daß an diesem »weichen Unterleib der Sowjetunion«, wie man einst sagte, das politische Aufbegehren gegen den hartnäckigen Herrschaftsanspruch Moskaus und das Machtmonopol der Kommunistischen Partei bis zum August-Putsch in einer ersten Phase nur äußerst schwach zu bemerken war, während ausgerechnet die christlichen Armenier und Georgier sich gegen die russische Bevormundung mit ideologischem Abweichlertum und radikalen Unabhängigkeitsbestrebungen zur Wehr setzten. Die mittelasiatischen Teilrepubliken, deren kommunistische Potentaten bis zur Wende im August 1991 mit untertäniger Eile nach Moskau reisten, um sich dem immer noch zentralistisch geprägten All-Unions-Anspruch Gorbatschows zu unterwerfen, waren ja ausgerechnet mit jenem Teil des »Dar-ul-Islam« identisch, der sich der bolschewistischen Gottlosigkeit im Bandenkrieg der »Basmatschi« bis zu Beginn der dreißiger Jahre entgegengestemmt hatte.

Hatte denn in den achtziger Jahren unseres Jahrhunderts, so wurde noch zu Beginn des Jahres 1991 gefragt, die turbulente Nachbarschaft Afghanistans, das militärische Fiasko der Sowjetarmee am Hindukusch keine Auswirkungen auf die scheinbare Gefügigkeit der dortigen Muselmanen gehabt?

Es war wohl ein typisch westliches Fehlurteil, den kommunistischen Machtapparat der Sowjetunion als eine homogene, trotz aller geographischen Varianten grundsätzlich einheitliche Organisationsform darzustellen. Auf welch verschlungene Wege sich die marxistisch-leninistische Staatsideologie bei den Fremdvölkern der Sowjetunion verirrte und vom »Genius loci« zutiefst beeinflußt wurde, konnte bisher noch nicht befriedigend erforscht werden. So hatte sich in Zentralasien offenbar eine Art feudalistische Variante der Arbeiter- und Bauernbewegung entwickelt, die an alte Stammes- und Clanstrukturen anknüpfte.

Im Unterschied zu jenen europäischen Randrepubliken der Sowjetunion, die sich den westlichen Vorstellungen von politischem Pluralismus und individueller Freiheit angleichen wollten, erstarrten die Muslime des Vielvölkerstaates in einem Kollektivverhalten, das vielleicht nur begrenzt Frucht kommunistischer Indoktrinierung war, hingegen einem uralten orientalischen Gesellschaftsbrauch entsprach sowie dem zutiefst islamischen Wunsch nach intellektueller Einheitlichkeit im Sinne des »Tauchid«, des gottgewollten Einheitsprinzips.

Dazu kam der robuste Machtinstinkt der lokalen roten Parteisekretäre, die sich wie neue orientalische Despoten aufführten und in der Willkür ihrer Herrschaft, in der Korruptheit ihres Verwaltungsgebarens die Traditionen der Emire von Bukhara, Khiva und Kokand verewigten. Am Ende hatte die bolschewistische Revolution, der lange Feldzug der Roten Armee unter General Frunse, in diesen fernen Regionen vielleicht weniger Umwälzungen bewirkt, als allenthalben angenommen worden war. Als Schutz gegen die russisch-europäische Einmischung konstituierten sich auf Clan-, Familien- und Stammesbasis jene Zusammenschlüsse der »roten Mafia«, von denen die usbekische die bekannteste war. Auf diese halbkriminellen Verbindungen hatte sich Leonid Breschnew in instinktiver Anpassung an asiatische Verhältnisse wie ein »Groß-Khan« gestützt.

In der aserbeidschanischen Hauptstadt Baku habe ich wenige Wochen vor dem gescheiterten Staatsstreich im August einen Veteranen des Zweiten Weltkrieges, Oberst

der Roten Armee und zweifacher »Held der Sowjetunion«, der sich mit der polternden Brutalität des alten selbstsicheren Haudegen ausdrückte, gefragt, wie es denn komme, daß alle europäischen Völker der Sowjetunion, einschließlich der Russen, sich auf dem Weg zu politischen Reformen und im Auflockerungsprozeß befänden, während die muslimischen Völker mehrheitlich in den verhaßten, vom kommunistischen System aufgezwungenen Verhaltensformen ausharrten. Es sah damals fast so aus, als würde Michail Gorbatschow in seiner Rolle als Präsident der Sowjetunion und als Generalsekretär der KPdSU überwiegend von fügsamen Gefolgsleuten getragen, die aufgrund ihrer Zugehörigkeit zur türkischen Völkerfamilie und vor allem zum islamischen Offenbarungsbereich, normalerweise an der Spitze resoluter, ja, gewalttätiger Loslösungsbestrebungen von der Moskauer Zentralmacht hätten stehen müssen.

Es gehe diesen asiatischen Potentaten doch vor allem um Prestige, Macht, Privilegien und Vorteile, antwortete der hünenhafte aserbeidschanische Oberst, dessen Sohn als Stadtkommandant von Baku für stabile Verhältnisse

Tschetschenische Reiter vor dem Weißen Haus in Moskau.

29

sorgte. Im übrigen sei noch nicht aller Tage Abend, und die bislang regimetreue Grundhaltung könne von einem Tag zum andern mit vergleichbarer Einheitlichkeit und ähnlich instinktivem Konformismus ins Gegenteil umschlagen.

Am Ende holte der Oberst mit schallendem Gelächter zu einem derben Witz aus. Wenn es denn wirklich so sei, daß Gorbatschow nur noch über gefügige muslimische Völker und deren Parteisekretäre herrsche, dann sei es vielleicht an der Zeit, daß er sich laut muslimischen Brauch beschneiden lasse, um den Erwartungen dieser Anhängerschaft zu entsprechen. Bekanntlich werden die muselmanischen Knaben, ähnlich wie die kleinen Juden, nach abrahamitischem Ritus beschnitten, und diese Praxis der Beschneidung, wie auch die der religiösen Bestattung, hat sich allen Verfolgungen des kommunistischen Atheismus zum Trotz in der gesamten Sowjetunion erhalten – Zeichen eines religiösen Bundes, der die ideologischen Anfechtungen überlebt hat.

*

Dem Rat unseres russischen Reisebegleiters Jewgeni folgend, hatte ich eine Reisebeschreibung von Egon Erwin Kisch zur Hand genommen, jenes aus Prag gebürtigen Publizisten, der für eine ganze Generation deutscher Journalisten zum Leitbild wurde und nach dem der bestdotierte Reportagepreis benannt ist. Kisch gehörte im Jahr 1932 zu den ganz wenigen Berichterstattern, denen es aufgrund ihres politischen Engagements vergönnt war, die Konfrontation zwischen siegesbewußtem Bolschewismus und mittelalterlich erstarrtem Islam in den Steppen Zentralasiens an Ort und Stelle zu erkunden. Er tat das mit großer professioneller Begabung, mit lobenswertem humanitären Engagement und mit unendlicher Naivität.

Kisch hat keine Strapaze gescheut. Er ist von den Parteisatrapen Stalins in all jene entlegenen Regionen des Pamir und der Karakum-Wüste zugelassen worden, die den gewöhnlichen Sterblichen aus dem Westen verschlossen waren. Er hat unermüdlich gefragt, geforscht und notiert.

Und er hat sich in allem getäuscht. So hat er zum Beispiel die Trockenlegungsprojekte am Aral-See als große Pionierleistung gepriesen. Heute wissen wir, daß das Aussterben dieses Binnenmeeres infolge einer rücksichtslosen technischen Manipulation eine der größten ökologischen Katastrophen unserer Zeit ausgelöst hat.

Kisch hat auch die Zwangskollektivierung und die gewaltsame Seßhaftmachung der Nomaden als fortschrittliche Großtat geschildert und geflissentlich übersehen, daß diese Sedentarisierung der Kasachen und Kirgisen fast die Züge eines Genozids annahm, daß etwa ein Drittel der Ureinwohner dabei zugrunde ging. Der »rasende Reporter« ist so weit gegangen, die unglücklichen »Kulaken« der Ukraine, die in die unwirtlichen Erschließungsregionen deportiert wurden, als Anwärter auf eine zeitgemäße, sozialistische Rehabilitierung darzustellen, die er als durchaus lobenswert empfand. Die Monokultur der Baumwolle, die in jenen Jahren des zügellosen Stalinismus mit gigantischen Zielsetzungen vorangetrieben wurde, erweist sich heute als die schlimmste landwirtschaftliche Fehlplanung.

Im Januar 1990 führen die sowjetischen Streitkräfte eine militärische Blitzaktion gegen Baku durch.

31

Das »weiße Gold« Usbekistans entpuppt sich als »weißes Gift«. Dadurch ist nicht nur der karge Boden völlig ausgelaugt worden, auch die unersetzlichen unterirdischen Wasserreserven der Steppe sind versiegt.

Sogar jene beachtliche Alphabetisierungskampagne, die die russischen Kommissare erst in lateinischen Buchstaben betrieben, dann auf plötzlichen, despotischen Beschluß Stalins in kyrillische Schrift umsetzten, kann heute keine ungeteilte Zustimmung mehr finden. Sie zielte nicht nur auf die Ausmerzung der von den Korangelehrten gepflegten arabisch-islamischen Tradition hin. Sie sollte ein neues, sozialistisches Weltbild vermitteln. Die Heilslehre der neuen Propheten Marx und Lenin endete, wie wir heute wissen, in einer der schrecklichsten Sackgassen der Menschheitsgeschichte. Gewiß, es gab nunmehr eine Vielzahl von Usbeken, Kasachen, Tadschiken, die die höheren Schulen, ja, die Universitäten des Regimes besuchten, aber die ihnen verliehenen Diplome waren kein Ausweis für gediegene und brauchbare Kenntnisse oder Fähigkeiten. Der ungeheure Bevölkerungszuwachs ließ in den muslimischen Republiken – insbesondere unter der Masse der Jugendlichen – ein unzufriedenes, hoffnungsloses, halbintellektuelles Proletariat entstehen, eine Manövriermasse für potentielle Demagogen, ja, mag sein, für die fanatischen Prediger von morgen.

Schließlich hat Egon Erwin Kisch die militärische Unterwerfung der sich gegen die sowjetische Fremdherrschaft, gegen den Raub ihrer nationalen und vor allem religiösen Eigenart zur Wehr setzenden »Eingeborenen« mit fast hymnischer Begeisterung gefeiert. Er benutzte für diese Widerstandskämpfer und Mudschahidin den von den roten Agitprops geprägten Ausdruck »Basmatschen«, was soviel wie »Räuber« und »Wegelagerer« bedeutet, ähnlich wie dreißig Jahre später die französischen Offiziere der »guerre psychologique« ihre algerischen Gegner als »Fellaghas« zu diffamieren suchten.

Mag sein, daß sich unter den Freischärlern des Islam, die der kommunistischen Modernisierung damals Widerstand leisteten und die die Verschleierung der Frau als unveräußerliches Gut koranischer Sittsamkeit darstellten, finstere, zutiefst obskurantistische Gesellen befanden. Aber unser fortschrittlicher Reporter war blind für die Tatsache, daß ein Kolonialfeldzug nicht dadurch zur befreienden Tat wird, daß er im Namen des wissenschaftlichen Materialismus ausgetragen wird oder daß er seine Massaker mit dem Hinweis auf das künftige Paradies der Werktätigen zu rechtfertigen sucht.

Es geht mir hier nicht um eine Polemik gegen einen zu Recht bewunderten, brillanten und wortgewandten Kollegen. Ich möchte lediglich auf die Gefahren und Tücken hinweisen, die wohl jedem Chronisten auflauern, der sich mit dem widersprüchlichen, geheimnisvollen Phänomen des Islam in der Sowjetunion befaßt. Wie ist es zu erklären, daß im Südkaukasus eine Bürgerkriegssituation entstand, die an libanesische Verhältnisse erinnert? Der Gegensatz zwischen den Unionsrepubliken Aserbeidschan und Armenien, zwischen schiitischen Türken einerseits und den Erben des ältesten christlichen Königreichs andererseits, war gewissermaßen vorprogrammiert.

Der Baumwollanbau, von Stalin und seinen Nachfolgern als Monokultur forciert, erweist sich heute als ökologische Katastrophe.

*Bürgerkriegs-
szenen aus dem
Kaukasus und
aus Georgien.*

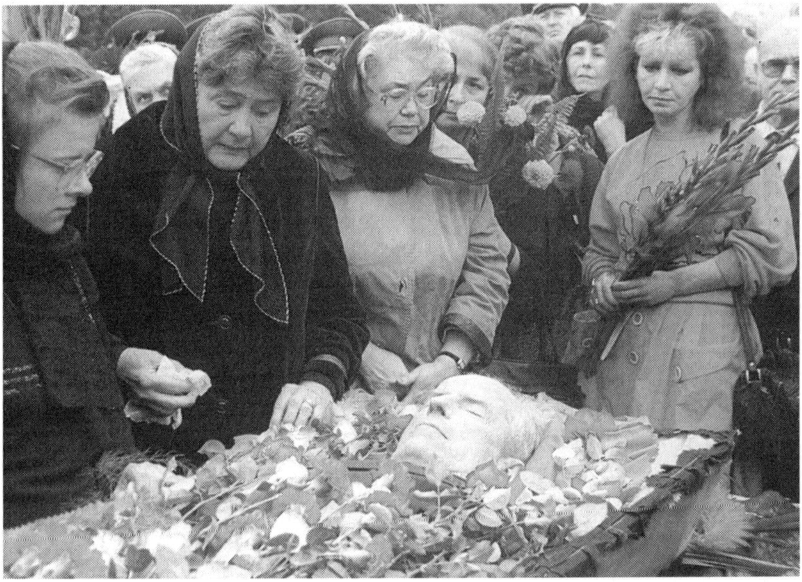

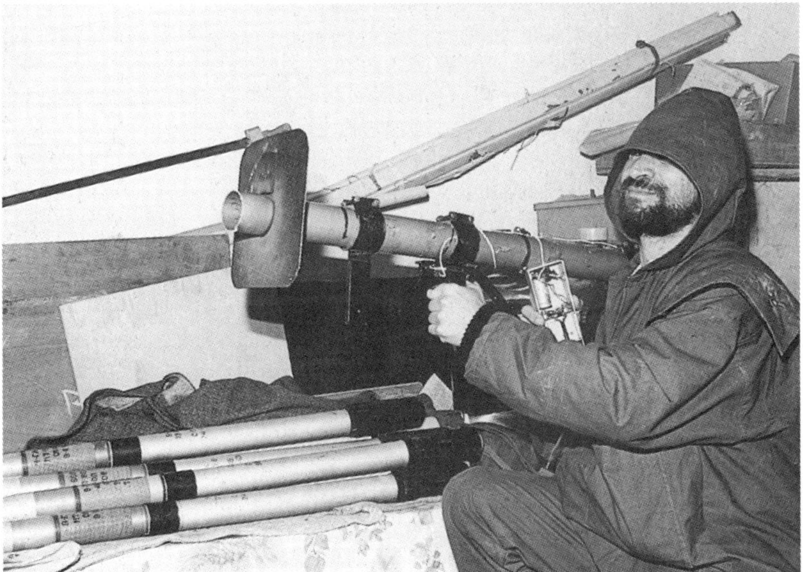

Doch warum kam es bislang nicht zum Ausbruch vergleichbarer Feindseligkeiten zwischen den christlichen Georgiern und den Aserbeidschanern oder Azeri, wie sie von den Ethnologen genannt werden? Statt dessen trägt die nach totaler staatlicher Unabhängigkeit strebende Republik Georgien einen blutigen Konflikt mit den Einwohnern des Autonomen Gebiets der muslimischen Abchasen aus, die den Verbund mit Tiflis lösen möchten. Und da sind noch die mehrheitlich christlichen Süd-Osseten Georgiens, die sich mit ihren nördlichen Stammesbrüdern – in der Mehrheit Muslime und dem riesigen Föderationsgebiet der Russischen Sowjetrepublik zugeordnet – in einem separaten Staatswesen zusammenschließen möchten.

*

Die Politik des Kreml gegenüber den widerstreitenden Völkerschaften, Minderheiten und Nationalitäten war seit Beginn der Perestroika durch Schwerfälligkeit, Unverständnis und Immobilismus gekennzeichnet. Gorbatschow, so behaupten seine sowjetischen Kritiker, sei durch seinen marxistisch-leninistischen Werdegang, durch seine lebenslange Erziehung und Erfahrung in der Kadermannschaft der KPdSU so unverkennbar als führender Apparatschik geprägt, daß er für die ökonomischen Umwälzungen, deren sein Imperium bedarf, völlig ungeeignet sei; zudem sei er bisher unfähig gewesen, den aufbrechenden Nationalitätenkonflikt zu begreifen und sinnvolle Lösungen zu entwerfen. Gorbatschow habe viel zu lange mit dem krampfhaft beschworenen, obsoleten Konzept des »sowjetischen Menschen« operiert, so, als ob es im Laufe einer siebzigjährigen revolutionären Umwandlung gelungen sei, sämtliche ethnischen Bestandteile der Sowjetunion ihrer widerstrebenden Eigenarten zu berauben und sie in eine einheitliche sozialistische Schablone zu zwingen.

Daß diese willkürliche Uniformität der Sowjetvölker in keiner Weise zu vergleichen war mit dem Schmelztiegel der amerikanischen Zivilisation, in dem die sukzessiven

Einwanderungswellen assimiliert worden sind – ein »melting pot« übrigens, dessen Absorptionsmöglichkeiten heute längst überschritten scheinen –, daß sich hinter der Utopie des »homo sovieticus« in Wirklichkeit die robuste, seit dem Zarentum fest etablierte Vorrang- und Führungsrolle des Großrussentums tarnte, wollten sich manche überzeugte Kommunisten offenbar nicht eingestehen. So sehen sich die Moskauer Politiker in eine spätkoloniale Situation projiziert, für deren Analyse und Bewältigung ihnen die elementaren Voraussetzungen fehlen. Überdies war der internationalistische Idealismus stets einhergegangen mit blankem Zynismus.

Die Tragödie ist bereits im Gange, auch wenn die Ausmaße der sich langfristig abzeichnenden Katastrophe im Sowjetreich und auch im Ausland aus opportunistischem Selbsterhaltungstrieb systematisch heruntergespielt werden. Die westliche Allianz, die an der Erhaltung einer gewissen Stabilität in der Union, an der Lebensfähigkeit dieses größten Flächenstaates der Erde ein brennendes Interesse hat, hütet sich, den separatistischen und zentrifugalen Kräften zusätzlichen Auftrieb zu verleihen.

Wächter in einem islamischen Grabmal des Hissar-Tals in Tadschikistan.

37

Jene Minderheiten, die über eine lange, schmerzliche Erfahrung mit Vertreibungen, Pogromen, Massakern und Diskriminierungen verfügen, haben nicht auf den tragischen Höhepunkt gewartet. Armenier, Juden und Deutsche flüchten bereits aus jenen Randrepubliken, in denen sie sich bislang als wirtschaftlich und intellektuell erfolgreiche Diaspora behauptet hatten. Armenier und Juden verlassen nicht nur das unterschwellig brodelnde Aserbeidschan, sondern auch jene zentralasiatischen Weiten, wo dem nationalistischen Aufbegehren gegen Moskau bislang enge Grenzen gesetzt waren, wo die islamischen Grundstrukturen jedoch auf die Dauer wenig Toleranzraum für Andersgläubige erwarten lassen.

Doch auch hier werden flagrante Widersprüche sichtbar. Aus Usbekistan und Kirgisien – um nur diese beiden Republiken zu erwähnen – wurden blutige Zusammenstöße und Ausschreitungen gemeldet, die sich ausgerechnet muslimische, dazu oft noch engverwandte Völkerschaften untereinander lieferten. Der usbekische Mob löste Verfolgungen gegen jene türkische und sunnitische Minderheit der Meskheten aus, die Josef Stalin gegen Ende des Zweiten Weltkriegs aus dem Kaukasus hatte deportieren lassen. Ähnlich erging es kaukasischen Inguschen und Tschetschenen, die aufgrund angeblicher Kollaboration mit den deutschen Armeen ebenfalls nach Mittelasien verschickt worden waren.

Zunächst entstand der Eindruck, als würde eine blinde Fremdenfeindlichkeit, die bislang unter dem Geschwafel trügerischer sozialistischer Brüderlichkeit geknebelt worden war, sich in geradezu chaotischer Form gegen all jene entladen, die aufgrund von vagen Interessenkonflikten und künstlich gezogenen nationalen Barrieren als Ausbeuter angeprangert wurden. Die aufgebrachten Massen schlugen wild um sich und suchten ihre Opfer wahllos aus. Es kam zum Beispiel zum absurden Grenzstreit zwischen Tataren und Baschkiren, obwohl beide Völker auf das engste miteinander verwandt und sprachlich wie physiognomisch kaum zu unterscheiden sind.

Hinter diesen Konvulsionen vermuteten die mißtraui-

schen Beobachter des Auslandes und viele kritische russische Publizisten die gezielte Wirkung einer konspirativen Praxis. Das Prinzip des »Teile und herrsche« werde vom konservativen Machtapparat der kommunistischen Partei, von den Geheimdiensten und Sicherheitsorganen systematisch eingesetzt, um jede Sezessionsbewegung zu diskreditieren und zu spalten. Es konnte kein Zufall sein, daß sich bei jeder Forderung nach nationaler Loslösung von der russisch dominierten Union stets rassische, linguistische oder religiöse Minderheiten finden ließen, die sich dieser Verselbständigung in den Weg stellten.

Wer hatte vor dem Zerbröckeln der Randrepubliken der Sowjetunion jemals von der Minderheit der Gagausen gehört, christliche Türken, die sich unter Anspornung Moskaus der Konstituierung eines vollsouveränen Moldawiens widersetzten? Die unglaubliche Vielzahl und Verschachtelung der oft winzigen nationalen Einheiten, deren Disparität von Stalin systematisch gefördert worden ist, bieten sich einer resoluten zentralen Machtausübung geradezu an, um die Proklamation starker, lebensfähiger Republiken zu unterlaufen oder ad absurdum zu führen.

Nach Pogromen in Sumgait und Baku im Januar 1990 flüchten die Armenier auf Schiffen über das Kaspische Meer.

39

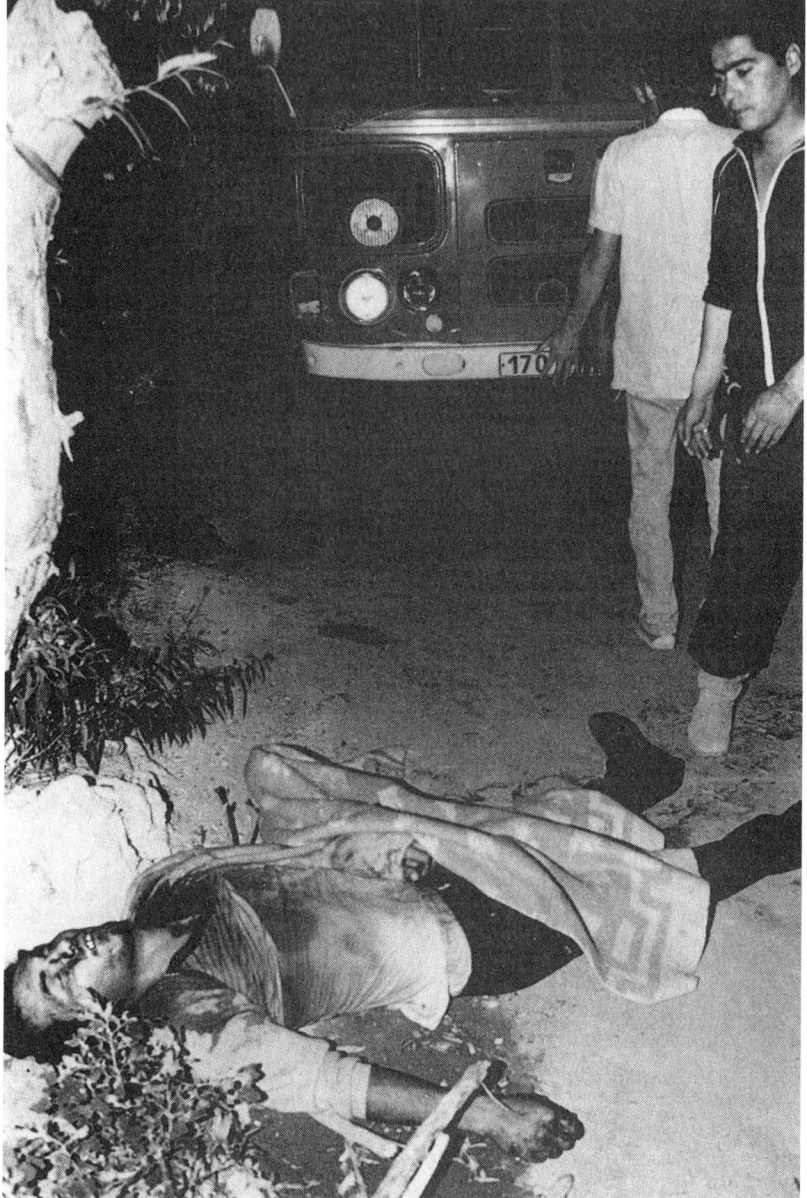

Dabei handelt es sich allerdings um ein recht gefährliches Manöver. Wie wollte man der Geister wieder Herr werden, die man rief? Wie ließ sich die Büchse der Pandora wieder schließen, zumal offenbar machiavellistische Dilettanten am Werk waren, die sogar die solide, unerschütterlich erscheinende Plattform der Sozialistischen Sowjetischen Föderationsrepublik Rußland, den alles zusammenhaltenden Kern der Sowjetunion, durch interne Querelen und Aufwiegeleien in ihrer Substanz bedrohten? Wenn die Tataren von Kazan, die Burjäten der mongolischen Grenzregion, die Tuwiner am östlichen Altai oder gar die Yakuten der äußersten Tundra weitgehende Unabhängigkeit gegenüber der Russischen Föderation verlangten, der sie als Autonome Sowjetrepubliken zugeordnet waren, wenn sogar das närrische Projekt einer Verselbständigung Sibiriens auftauchte, dann mußte zwangsläufig das ganze Imperium in seinen Fugen krachen.

Der Verdacht, man wolle mit solchen Zersetzungserscheinungen die Autorität Boris Jelzins, seine Eigenwilligkeit gegenüber der Zentrale, das heißt der All-Unions-Regierung, untergraben, hatte sich manchem Kommen-

Im Fergana-Tal massakrierte der usbekische Mob kaukasische Zuwanderer des Mesketen-Volkes.

41

tator bereits aufgedrängt. Aber das war aus sowjetischer, besser gesagt, aus russischer Perspektive ein selbstmörderisches Spiel, eine schreckliche Verblendung.

*

Es liegt nahe, eine Parallele zu ziehen zwischen dem Zerfall Jugoslawiens und dem noch ungewissen Schicksal der Sowjetunion. Doch dabei kann es sich allenfalls um eine Analogie handeln. Prozentual errechnet stellt die kompakte Masse der Großrussen ein ganz anderes Potential der Dominanz als das serbische Staatsvolk dar, das gegenüber den addierten Nationalitäten Jugoslawiens lediglich eine resolute Minorität aufbieten kann. Die angestammt panslawischen Sympathien der Russen für die serbischen und orthodoxen Brüder auf dem Balkan hat Gorbatschow anfänglich zu spontanen Solidarisierungsgesten gegenüber dem Belgrader Zentralismus bewegt, zumal ein Zerfall der verfeindeten südslawischen Völkerfamilie wie ein verhängnisvoller Präzedenzfall für den Fortbestand der Sowjetunion anmutete.

Das einseitige Engagement der jugoslawischen Volksarmee auf seiten der großserbischen Ansprüche auf dem Balkan muß andererseits jedoch wie ein warnendes Fanal für all jene Republiken und Nationalitäten des Gorbatschow-Imperiums wirken, die vor vergleichbaren Interventionen der sowjetischen Streitkräfte bangen und den konservativen Ordnungswillen der Militärs nun erst recht beargwöhnen.

Kroatischer Partisan in Slawonien.

Eine fatale Feststellung ergibt sich aus dem jugoslawischen Exempel: Dort, wo die Nationalitäten – wie im Falle Sloweniens – homogen sind und in fest definierten Grenzen leben, kann sich eine regionale Loslösung bis hin zur Gründung eines eigenen Staatsgebildes relativ schmerzlos und unkompliziert vollziehen. Dort hingegen, wo die unterschiedlichen, ja, verfeindeten Völkerschaften und Konfessionen sich gegenseitig durchdringen und zwangsläufig kohabitieren, flackern Partisanenkämpfe auf, und es kommt zu den mörderischen Exzessen des Bürgerkriegs.

Für eine solche Eskalation bietet Kroatien mit seinen serbisch bevölkerten Enklaven in der Krajina und in Slawonien ein treffliches Beispiel, mehr jedoch noch die wie

43

ein Patchwork verwobenen Siedlungsgebiete in Bosnien und Mazedonien, wo eine halbwegs befriedigende Lösung kaum noch vorstellbar ist.

Wären die Grenzen zwischen den Völkern der Sowjetunion deutlich und sinnvoll gezogen, würden sich selbst im Falle der Abspaltung zahlreicher Randrepubliken für die einheitliche slawische Landmasse – im wesentlichen aus Rußland, Ukraine und Bjelorus bestehend – keine absolut unlösbaren Probleme stellen. Seit die Republik von Kiew nach totaler Unabhängigkeit strebt, sieht jedoch alles ganz anders und vermutlich hoffnungslos aus. Moskau wird auf jeden Fall vor die Schicksalsfrage gestellt, die andere Kolonialreiche ein paar Jahrzehnte vor den Russen beantworten mußten. Gibt man der Unabhängigkeit der Fremdvölker großzügig Raum, wie Großbritannien das auf dem indischen Subkontinent vollzogen hat und Frankreich in den meisten frankophonen Staaten Schwarzafrikas, dann könnte die Sezession in geordneten, teilweise harmonischen Bahnen verlaufen. Dann bliebe am Ende immer noch ein Commonwealth oder eine Communauté bestehen, mit engen kulturellen, ja, affektiven Bindungen an das ehemalige Mutterland und intensiven Wirtschaftsverflechtungen, die einen unabsehbaren Zeitraum überdauern könnten.

Aber Frankreich hat auch die andere Methode praktiziert, das krampfhafte Festhalten, ja, Festkrallen an Außenposten, die sich dann im endlosen, erbarmungslosen Befreiungskrieg die Eigenstaatlichkeit erkämpfen mußten. So hatte sich die Vierte Republik in den Indochinakrieg verrannt. So wurde vor allem der Algerienkonflikt zu einer Existenzkrise der französischen Staatsautorität. In Algerien ging es für Paris nicht nur um das törichte Pochen auf einen längst überfälligen Souveränitätsanspruch in einem entfremdeten maghrebinischen Umfeld. Es handelte sich hier nicht nur um eine tragische Verkennung der Kräfteverhältnisse einer sich rasant verändernden »Dritten Welt«. Der eigentliche Grund für das Beharren Frankreichs, für sein Festklammern an der »Algérie française«, lag in der Tatsache, daß eine Million

Franzosen sich seit mehr als einem Jahrhundert in diesen nordafrikanischen Départements niedergelassen hatten.

Die schwächlichen Kabinette der Vierten Republik mußten – in richtiger Einschätzung der Intoleranz eines unabhängigen und islamisch orientierten Algeriens – befürchten, daß die Algier-Franzosen nach der Separation des Maghreb von der »Métropole« durch die arabisch-kabylische Mehrheit drangsaliert oder – was schließlich eintraf – zur überstürzten Flucht ins Mutterland verurteilt würden.

Die Fünfte Republik Charles de Gaulles hat in einem schmerzlichen, aber insgesamt erfolgreichen Kraftakt der unerbittlichen Wirklichkeit Rechnung getragen und Algerien geräumt. Im aufblühenden Mutterland nördlich des Mittelmeers wurde gleichzeitig Platz geschaffen, wurden Lebensmöglichkeiten geboten für die französische Rückkehrerwelle aus Nordafrika. Aber – um zur Sowjetunion zurückzukehren – wie soll Rußland mit der ungeheuren Belastung fertig werden, die aus der anstehenden Umsiedlung von mindestens zehn Millionen Menschen aus den Mischgebieten Asiens und Europas resultieren dürfte?

»Das Gebet ist besser als der Schlaf« – Weckruf des Muezzins.

Armenische Totenklage in Nagorny-Karabagh.

Die französische Publizistin Hélène Carrère d'Encausse spricht sogar von fünfundzwanzig Millionen. Moskau ist ja schon mit der Unterbringung von 350 000 Soldaten überfordert, die aus der ehemaligen DDR repatriiert werden.

*

Die Europäer haben zur Kenntnis genommen, daß Esten und Letten – deren Republiken durch systematische slawische Einwanderungspolitik nur noch über eine knappe eigene Bevölkerungsmehrheit verfügen – sich schwertaten mit der Realisierung ihrer Unabhängigkeit, während die Litauer, die sich immerhin auf eine nationale Majorität von achtzig Prozent stützen können, sehr viel selbstbewußter auftraten, zumal sie im militanten Katholizismus eine kraftvolle konfessionelle Stütze gegen jede Form von Russifizierung fanden.

In den südkaukasischen Republiken Armenien, Aserbeidschan, Georgien ist die Entwicklung bereits radikal fortgeschritten. Aus Aserbeidschan – wir werden ausführlich darauf zurückkommen und lassen die Enklave Nagorny-Karabagh vorläufig beiseite – ist die seit Jahrhunderten verwurzelte armenische Volksgruppe von mehr als 200 000 Menschen verschwunden. In einer ähnlich panikartigen Fluchtbewegung sind die im christlichen Armenien lebenden schiitischen Azeri in ihre Stammrepublik von Baku zurückgeflutet.

Georgien hingegen, das einen Kleinkrieg gegen Abchasen, Adjaren und Süd-Osseten austrägt, hat aus taktischen Gründen einen Modus vivendi mit den Azeri gefunden, was der etwa 300 000 Seelen starken aserbeidschanischen Minderheit ein Verbleiben in der christlichen Republik von Tiflis bis auf weiteres erlaubt.

Nicht nur die Armenier und die im Südkaukasus zahlreichen Juden haben den Weg der endgültigen Emigration, den Exodus, angetreten. Selbst die russischen oder ukrainischen Siedler, die hier nie besonders zahlreich waren und einen achtprozentigen Anteil selten überschritten, suchen heute in ihrer alten Heimat Unterschlupf und Sicherheit. Sie fühlen sich von dem unberechenbaren Aufkommen national oder konfessionell bedingter Feindseligkeit gegen alle Fremden bedroht. Doch wo sollen diese Slawen unterkommen bei der in Rußland herrschenden katastrophalen Wohnungsnot, bei dem dort dramatisch schrumpfenden Arbeitsmarkt, bei den hoffnungslosen Versorgungsengpässen?

Völlig ungeklärt erscheint die Zukunft der riesigen Republik Kasachstan, die etwa zur Hälfte von Slawen kolonisiert wurde. Die kasachischen Ureinwohner verdanken lediglich ihrer wiedererwachten, zurückgewonnenen Vitalität, daß sie als Nation überlebten. Ihre Geburtenraten lassen die der europäischen Einwanderer weit hinter sich. Kasachstan, das große Experimentierfeld der Sowjetunion, wo bereits die zaristischen Militärsiedler auf die Eingeborenen Jagd gemacht hatten wie auf Indianer, wo die Bolschewiki bei der Ausrottung des Nomadentums die Ureinwohner um ein Drittel reduzierten, wo Chruschtschow seine slawischen Komsomolzen ausschickte, um die Steppe zum Blühen zu bringen, Kasachstan, wo die sowjetische Zentralmacht unermeßliche Bodenschätze im Raubbau ausplünderte, immense ökologische Schäden anrichtete und gleichzeitig ultramoderne Weltraumforschung in Baikonur vorantrieb, hatte 1986 das erste Alarmsignal gesetzt.

Als Michail Gorbatschow glaubte, den Ersten Sekretär der Kommunistischen Partei in der Hauptstadt Alma-Ata, den Kasachen Kunajew, wegen exzessiver Korruption durch einen russischen Vertrauensmann namens Kolbin ersetzen zu können, waren plötzlich die Jugendlichen – an ihrer Spitze die Studenten – der stark russifizierten Stadt Alma-Ata auf die Straße gegangen. Eine blutige Auseinandersetzung mit den Truppen des Innenministeriums fand statt. Der Glasnost-Kampagne des Gorbatschow-Systems war es zu verdanken, daß diese Zwischenfälle nicht unter den Teppich gekehrt wurden. Nach einer kurzen Zwischenphase des Zögerns erkannte die Moskauer Führung die Notwendigkeit, wieder einen Kasachen an die Spitze dieser schwierigen Republik zu berufen.

Nursultan Nasarbajew – der rein arabische Vorname

läßt sich mit »lichtvolle Macht« übersetzen – ist der angesehene kasachische Technokrat, der zur Stunde in Alma-Ata als Präsident seiner Republik fungiert. Nasarbajew gilt als kluger Pragmatiker, ist sich der ethnischen Probleme seines Territoriums voll bewußt und widersetzt sich kategorisch gewissen großrussischen Tendenzen, die auf die Loslösung der überwiegend slawisch besiedelten Nordhälfte Kasachstans hinzielen. Kein Geringerer als der Exilliterat Solschenizyn hatte einer solchen »partition« das Wort geredet. Wohin ein Mann von der Statur Nasarbajews am Ende steuert, ist zur Stunde noch in keiner Weise zu erkennen. Immerhin verfügte er bereits vor dem Putsch gegen Gorbatschow über so viel Prestige und wohl auch Macht, daß er neben dem russischen Präsidenten Boris Jelzin beim Moskau-Besuch George Bushs dem amerikanischen Präsidenten in einer Sonderaudienz vorgestellt wurde.

*

Bei unserer Betrachtung über den Islam in der Sowjetunion wollen wir eine Reihe von Republiken und Territorien auslassen, um uns auf einige charakteristische Probleme zu konzentrieren. Den ethnischen Sonderfall Kasachstan behalten wir einer späteren Studie vor. Die ehemalige Sozialistische Sowjetrepublik Kirgisien, neuerdings Kirgystan genannt, deren Einwohner den Kasachen eng verwandt sind und ebenfalls unter der Präsenz einer vierzigprozentigen russischen Siedlungsgruppe stöhnen, sei nur am Rande erwähnt. Immerhin hat die Hauptstadt Kirgisiens – von Stalin nach dem bolschewistischen Eroberer Frunse benannt – ihren alt angestammten Namen Bischkek zurückgewonnen.

Merkwürdig muten im Grenzgebiet Kirgisiens zu Usbekistan die blutigen, haßerfüllten Zusammenstöße an, die dort zwischen den beiden muslimischen Brudervölkern, Kirgisen und Usbeken, ausgebrochen sind, als hätte man von einer geheimen Kommandostelle aus durch Konflikte unter rivalisierenden Turkvölkern von der fundamentalen Opposition zwischen europäischen Eindringlingen und asiatischen Ureinwohnern ablenken wollen.

Auch die spärlich bevölkerte Wüsten- und Steppenrepublik Turkmenistan, die sich längs der iranischen Nordgrenze östlich des Kaspischen Meeres hinzieht, werden wir vorläufig beiseite lassen. Die angebliche Unbeweglichkeit der dortigen sunnitischen Bevölkerungsmehrheit sollte nicht über hintergründige Spannungen, über die Feindschaft gegen die atheistischen oder christlichen Eindringlinge aus Rußland hinwegtäuschen. Dazu fällt mir ein Präzedenzfall aus dem Maghreb ein. In der letzten Phase des französischen Protektorats Marokko fiel die Entscheidung zugunsten der Unabhängigkeit sowie der Rückkehr des rechtmäßigen, ins madegassische Exil verbannten Sultans Mohammed V., als die Stämme des Atlas plötzlich zum »Heiligen Krieg« gegen die Ungläubigen ausholten und französische Kolonisten abschlachteten. Bis dahin hatten diese wilden Berber und »Schleuhs« des Atlas als die zuverlässigste Stütze der französischen Generalresidenten gegolten. Deshalb ist auch Turkmenistan vor keiner Überraschung gefeit, selbst wenn eine jüdische Intellektuelle mir in Moskau mit bitterem Witz erzählte, die Turkmenen seien politisch so unterentwickelt, daß sie nicht einmal den Antisemitismus entdeckt hätten. Ende Oktober 1991 haben übrigens auch die Turkmenen ihre staatliche Souveränität proklamiert und sie in einer merkwürdigen Volksabstimmung zu vierundneunzig Prozent bestätigt.

Bliebe noch als wesentlicher Teil des islamischen Puzzles in der Sowjetunion die Autonome Republik Daghestan im Nordkaukasus zu erwähnen, die zur Zeit noch der Russischen Föderation angehört. Hier wird, im Rahmen der schafeitischen Rechtsschule, die für die dortigen Korantheologen maßgeblich ist, eine streng abgekapselte, inbrünstige Religiosität gepflegt. Die zerklüftete Gebirgswelt von Daghestan eignet sich für eine solche Abschirmung und trotzige Isolation. Allerdings sorgten hier zahlreiche Stammesuntergliederungen, sprachliche Differenzen zwischen Völkern türkischer, iranischer, ibero-kaukasischer, sogar arabischer Abstammung für eine gegenseitige Abschottung, die bis vor kurzem ebenfalls für die

weiter westlich gelegenen, meist winzigen Autonomen Republiken des Nordkaukasus galt.

Kaum jemand in Moskau dürfte jedoch vergessen haben, daß in den Felsschluchten des heutigen Daghestan der legendäre Imam Schamil unter der grünen Fahne des Propheten der russisch-zaristischen Eroberung jahrzehntelang widerstanden hat. Sein Grabmal in einem entlegenen Dorf, einem »Aul«, wird wieder als ehrwürdige Gedenkstätte aller Daghestani geehrt. Der Reisende lasse sich nicht durch die gräßliche Hauptstadt Machatschkala am Strand des Kaspischen Meeres täuschen, die im seelenlosen Stil einer verrotteten sozialistischen Urbanistik errichtet wurde, wohl um den sozialistischen Menschen der Zukunft in dieser Retorte zu züchten.

In meinem schmutzstarrenden Zimmer des Hotels »Leningrad« hatte mich kurz vor der Abreise ein muslimischer Imam aufgesucht. Trotz seiner Jugend beeindruckte er mich durch seine natürliche Würde. Ursprünglich hatte der Imam als Zahnarzt gearbeitet, ehe er den Weg zu Allah fand. Ich solle mich nicht beirren lassen, sagte er, durch die stalinistischen Parolen zum Ruhm der Arbeiter-

Ein junger russischer Soldat während der Unruhen in Usbekistan.

51

klasse, die überall in Machatschkala noch zu sehen seien, durch die geschmacklosen Lenin- und Kirow-Denkmäler und die vielen roten Fahnen.

Am großen Opferfest des Beiram seien die Straßen Machatschkalas und ganz Daghestans durch die grünen Standarten des Islam beherrscht gewesen, und die fromme Bevölkerung habe die Zentrale der örtlichen Kommunistischen Partei gestürmt, als die Preise für die Pilgerfahrt nach Mekka um das Sechsfache erhöht wurden.

*

Um Licht in das Dunkel der hintergründigen Querverbindungen und Verzweigungen zu bringen, habe ich für diese Studie drei große Themenkreise ausgesucht: die kaukasische Krise unter spezieller Berücksichtigung der Sozialistischen Sowjetrepublik Aserbeidschan; das Aufbäumen der muslimischen Tataren in ihrer bislang Autonomen Wolga-Republik von Kazan; die zentralasiatische Zeitbombe unter spezieller Würdigung der beiden Sowjetrepubliken Tadschikistan und Usbekistan.

An dieser Stelle ist ein Blick auf die Landkarte unentbehrlich. Josef Stalin, der sich als gebürtiger Georgier und früherer Seminarist – seine Mutter war zudem christliche Ossetin – in der ethnischen und religiösen Problematik der sowjetischen Randgebiete bestens auskannte, hatte in seiner Eigenschaft als Kommissar für Nationalitätenpolitik, später als »roter Zar«, ein ausgeklügeltes System entworfen, das auf die Zersplitterung der fremdvölkischen Kräfte und deren Gängelung durch folkloristische Zugeständnisse hinwirkte. So konnte sich die Sowjetunion mit ihren diversen Republiken und Autonomen Gebieten der unwissenden, irregeführten Umwelt als Garant völkischer Eigenentwicklung im Rahmen einer staatlichen Superstruktur empfehlen, an deren Ende der neue »sowjetische Mensch« seine nationalen Sonderheiten lediglich als malerische Facette eines gemeinsamen Gesellschaftsmodells empfinden würde.

Der Georgier Dschugaschwili wußte jedoch um die explosive Kraft und die Permanenz nationaler Selbstbehaup-

*Widersprüch-
liche Nostalgie
in Bukhara: ein
Stalinportrait
unter dem Bild
der Heiligen
Kaaba von
Mekka.*

tung. Der Islam war für diesen Kaukasier ein vertrautes
und bedrohliches Phänomen. So verfügte er denn, daß die
ursprünglichen großen Föderationsterritorien Transkaukasien und Sowjetisch-Turkestan in eine Vielzahl von Republiken und Gebieten unterteilt wurden, ja, er erfand –
auf die dialektalen Nuancen der diversen Turksprachen

54

gestützt – immer neue Nationalitäten, um die Fraktionierung der potentiellen Sezessionisten mit politischer Ohnmacht zu befrachten. Für die zentrale Gleichschaltung sorgte ohnehin die Allmacht der KPdSU und ihrer Sicherheitsorgane, von der Tscheka bis zum KGB.

Aserbeidschan mit seinen sieben Millionen Einwohnern liegt am Schnittpunkt kontrastreicher Kulturkreise. Im Süden grenzt dieses Land an die Islamische Republik Iran und deren gleichnamige Provinz Aserbeidschan mit der Hauptstadt Täbris. Die Azeri auf beiden Seiten der willkürlichen Demarkationslinie zwischen den früheren Mächten Rußland und Persien gehören dem gleichen türkischen Stamm an und sprechen die gleiche türkische Mundart. Im heutigen Iran wird die Zahl der Azeri auf mindestens zwölf Millionen Menschen geschätzt; und das Offizierskorps des Pfauenthrons rekrutierte sich bis zum letzten Schah überwiegend unter dieser kriegerischen Rasse. Die iranischen wie auch die sowjetischen Azeri bekennen sich zum schiitischen Zweig des Islam, zu jener »Partei Alis«, des Schwiegersohns Mohammeds, aus der die furchterregende Heilsfigur des Ayatollah Khomeini in unseren Tagen hervorgegangen ist. Kein Wunder, daß die Kommunisten, die demokratischen Oppositionellen und die Islamisten von Sowjetisch-Aserbeidschan fasziniert auf die fundamentalistische Revolution in Teheran starrten, die einen mit Schrecken und Abstand, die anderen mit Begeisterung.

Mit der Türkei ist die gemeinsame Grenze im Umkreis des Berges Ararat nur vierzehn Kilometer lang. Aber der anatolische Nachbar, der unter dem stählernen Reformer Atatürk aus den Trümmern des Osmanischen Reiches als dynamischer Nationalstaat hervorgegangen ist, übt auf die türkischen Brüder in der Sowjetrepublik Aserbeidschan eine magnetische Anziehungskraft aus, obwohl die Osmanen, die Jahrhunderte hindurch Träger der islamischen Kalifatswürde waren, der sunnitischen Koraninterpretation anhängen.

Im Nordosten leitet Sowjetisch-Aserbeidschan fast ohne Zäsur zu jener Autonomen Republik Daghestan über, deren sunnitische Bergstämme noch der großen Russischen Föderation angegliedert sind. Im Nordwesten führt die große Überlandstraße nach Tiflis ins christliche Georgien. In eine akute Zerreißprobe wird Aserbeidschan durch die Nachbarschaft und die enge, als unerträglich empfundene Koexistenz mit den Armeniern gedrängt.

Die Sowjetrepublik Armenien mit Hauptstadt Eriwan und drei Millionen Einwohnern blickt auf eine glorreiche wie tragische Vergangenheit zurück. Die Armenier rühmen sich, schon im Jahr 301 unserer Zeitrechnung das erste christliche Königreich der Welt gegründet zu haben, eine geraume Zeitspanne vor dem Toleranzedikt, das der römische Kaiser Konstantin erst im Jahr 313 des Herrn erließ. Nach den diversen Massakern, denen die Armenier Anatoliens vor allem während des Ersten Weltkrieges zum Opfer fielen, nachdem ihre Freischärler und Partisanen für die vorrückenden Armeen des Zaren Partei ergriffen hatten, bot die kleine Sowjetrepublik von Eriwan ein letztes, halbwegs selbständiges Refugium für dieses geprüfte Volk. Die wendigen, geschäftstüchtigen Armenier spielten oft eine bemerkenswerte Rolle in den Führungsstäben und im Kulturleben der gesamten Sowjetunion.

Die stählerne »Pax sovietica«, die Stalin und dessen Erben über den Kaukasus verhängten, hat das Aufflammen der uralten nationalen und religiösen Gegensätze systematisch unterdrückt und dort für Ruhe und Ordnung gesorgt. Erst der Zickzackkurs der Perestroika, so beklagen sich heute sämtliche Kaukasier, habe Konflikte aufreißen lassen, die nun im Raum Aserbeidschan–Armenien zu bürgerkriegsähnlichen Verhältnissen, zur »Libanisierung« des Kaukasus führen. Nach der Lockerung des eisernen Griffs der Moskauer Zentralbehörden erschien die von Stalin verfügte Territorialaufteilung für beide Seiten unerträglich und absurd. Innerhalb der Sowjetrepublik Aserbeidschan befindet sich – als Autonome Region Nagorny-Karabagh bekannt – eine überwiegend armenisch bevölkerte Enklave, die mit großer Mehrheit ihren Anschluß an die Schwesterrepublik von Eriwan verlangt und von dort aus energisch unterstützt wird. In Nagorny-Kara-

bagh ist die Erbfeindschaft zwischen islamischen Azeri-Türken und christlichen Armeniern neu entbrannt. Den zögerlichen, widersprüchlichen Schlichtungsmaßnahmen Moskaus begegnet man auf beiden Seiten mit tiefem Mißtrauen. Wie erwähnt, ohne ein intensives Kartenstudium ist die Lage im Südkaukasus überhaupt nicht zu begreifen.

Da existiert innerhalb Aserbeidschans nicht nur die blutig umkämpfte Enklave von Nagorny-Karabagh mit etwa 140 000 Armeniern, die zum verzweifelten Ausharren entschlossen sind; da wird andererseits ein rein türkisch bevölkerter Zipfel aserbeidschanischen Territoriums – die Autonome Republik Nakhitschewan, die ihrerseits den Iran und die Türkei berührt – durch einen Korridor armenischen Staatsgebietes von der großen aserbeidschanischen Heimatrepublik und deren Hauptstadt Baku abgetrennt. Kein Wunder, daß es von beiden Seiten immer wieder zur Blockierung der ineinander verwobenen Transportverbindungen kommt und der Partisanenkrieg ständig neue Nahrung findet.

In der revolutionären Legende der sowjetischen Staatswerdung spielt der Name »Baku« eine herausragende

Der Grenzfluß Arax trennt Sowjetisch-Aserbeidschan von der iranischen Provinz gleichen Namens.

Rolle. Im Umkreis dieser Metropole, die mehr als zwei Millionen Einwohner zählt, wurden schon in den letzten Jahrzehnten des Zarenreiches gigantische Erdölquellen entdeckt und ausgebeutet, lange bevor die Bohrungen rund um den Persischen Golf begonnen hatten. Mit seinem Petroleumboom wurde Baku zum bedeutendsten Industriezentrum des russischen Imperiums.

Hier, am Ufer des Kaspischen Meeres, am Rande Asiens, in dieser muslimisch bevölkerten Grenzzone, entstand paradoxerweise eine Vorhut jener klassenbewußten Arbeiterschaft, von der die Ideologen in Sankt Petersburg und Moskau oder die Emigranten in der Schweiz kaum zu träumen wagten. In Aserbeidschan wurde der tief eingefleischte schiitische Islam zum ersten Mal – und zwar geraume Zeit vor der bolschewistischen Machtergreifung – mit einer säkularen, westlichen Modernisierung und der damit verbundenen Abkehr von den strengen koranischen Vorschriften konfrontiert. Heute sorgen die Verwirrung, das Aufeinanderprallen regionaler Nationalismen, das Entstehen einer quasi-libanesischen Bürgerkriegssituation dafür, daß die schiitische, bis vor kurzem kommunistische Republik Aserbeidschan zum interessantesten Beobachtungsfeld des heimlichen, aber gewalttätigen Umbruchs an der Peripherie des Sowjetimperiums wird.

*

Aus ganz anderen Gründen haben wir uns der Autonomen Sowjetrepublik Tatarstan und deren Hauptstadt Kazan zugewandt. Hier befinden wir uns – rein geographisch gesehen – im Herzen Rußlands, am Mittellauf der Wolga. Der Name »Kazan« hatte mich fasziniert, weil im Jahre 1552 Iwan IV., der Schreckliche, dank der Erstürmung der dortigen Tatarenfestung den entscheidenden Sieg des Moskowiter-Reiches über die zum Islam bekehrten Reitervölker der asiatischen Steppe davontrug. Mit der Zerstörung der Khanate von Kazan, von Astrakhan an der Wolgamündung und von Sibir, bereits jenseits des Ural gelegen, zog Iwan der Schreckliche einen Schlußstrich

unter die lange Demütigung jenes endlosen Tatarenjochs, das immer noch das russische Unterbewußtsein belastet. Das orthodoxe Kreuz hatte in Kazan den Halbmond des Islam verdrängt.

Ich hatte erwartet, im Umkreis von Kazan ein paar zerfallene Moscheen und kleine versprengte Siedlungen von alten Muslimen anzutreffen, die die Jahrhunderte der zaristischen Zwangsbekehrung zum Christentum und die marxistische Gottlosenpropaganda mehr schlecht als recht überlebt hätten. Statt dessen stieß ich auf eine in nationalistischer Gärung befindliche Region, wo die Tataren – etwa ebenso zahlreich wie die dort siedelnden Slawen – ihre Loslösung von Rußland verlangten und im Zeichen des Halbmonds eine eigene, tatarische Souveränität proklamierten. Einheiten der berüchtigten Omon-Polizeitruppe waren eingesetzt worden, um die nationalistisch-islamische Agitation in Kazan in Schach zu halten. Aber schon drohte dieses Erwachen auf die rassisch engverwandten Brüder im angrenzenden Baschkirien überzugreifen, das sich zur Zeit unseres Aufenthaltes, obwohl hier die örtlichen Kommunisten noch vorherrschten, als »Sozialisti-

Die fast erloschenen Erdölreserven von Baku sollen im Off-Shore-Verfahren mit Hilfe amerikanischer Technologie neu aktiviert werden.

sche« – demnächst wohl als »Souveräne Sowjetrepublik Baschkyrstan« – präsentierte.

Diese äußersten, nach Nordwesten vorgeschobenen Vorposten des Islam zwischen Wolga und Ural könnten als bescheidene rassische und religiöse Inseln vernachlässigt werden, wenn hier nicht eine lockere, geographische Brücke geschlagen würde, die fast bis an die Grenze Kasachstans heranreicht. Im übrigen war Kazan schon im ausgehenden Zarenreich eine Hochburg türkisch-nationaler Renaissance.

Im ersten Jahrzehnt der kommunistischen Diktatur hatte sich in Tatarstan unter Führung des international angesehenen Politikers und Intellektuellen Sultan Galiew eine seltsame Kombination zwischen säkularisiertem Islam und panturanischem Nationalismus einerseits sowie opportunistischer Anpassung an die marxistisch-leninistische Staatsdoktrin andererseits herausgebildet. Erst Stalin hat mit dieser ideologischen Abweichung radikal Schluß gemacht. Sultan Galiew wurde nach langer sibirischer Haft vor Ausbruch des Zweiten Weltkrieges liquidiert.

Kazan mag ein kurioser Sonderfall islamisch-türkischen Gemeinschaftslebens in der Sowjetunion sein. Aber welche historischen Abgründe tun sich auf, welch ungeheure Beharrlichkeit wird hier sichtbar! »Grattez le Russe et vous trouvez le Tatare«, sagt man in Frankreich: »Kratzt den Russen an, und ihr findet den Tataren.« Tatsächlich sind viele Tataren – blond und blauäugig – von den an ihrer Seite lebenden Russen nicht zu unterscheiden, zumal letztere oft die hochstehenden Backenknochen und schmalen Augenfalten asiatischer Vorfahren geerbt haben. Die endlosen Kriege, Eroberungszüge und Überfälle, in früheren Zeiten stets mit kollektiver Vergewaltigung verbunden, haben ihre genetischen Spuren hinterlassen und diese seit tausend Jahren verfeindeten Rassen – christliche Ostslawen auf der einen, muslimische Turkstämme auf der anderen Seite – zutiefst gezeichnet.

Natürlich muß am Ende unserer Betrachtung das Hauptaugenmerk auf Sowjetisch-Zentralasien gerichtet sein. In dieser Region lebt die kompakte Mehrheit jener fünfzig bis sechzig Millionen Muselmanen, die dem Machtbereich des Kreml einverleibt sind. Auch hier ist die Geographie ungewöhnlich kompliziert. Wenn es durchaus Sinn macht, daß für die am Rande des Pamir lebenden Tadschiken, die der iranischen Völker- und Sprachfamilie angehören, eine eigene Sowjetrepublik ins Leben gerufen wurde, so vollzog sich die Grenzziehung zwischen Usbeken und Kirgisen, zwischen Kirgisen und Kasachen, zwischen Turkmenen und Karakalpaken extrem willkürlich.

Es war das eingestandene Ziel des großen Stalinschen Plans, diese von sunnitischen Türken bewohnten Staatsgebiete so zu zerfetzen, daß ihnen der Gedanke an eine Sezession vom Zentrum niemals kommen könnte, daß keine dieser bizarren Republiken ohne den großen sowjetischen Zusammenhalt lebensfähig wäre.

Wir haben uns zunächst Tadschikistan zugewandt, dessen Hauptstadt Duschanbe bis 1961, bis zu den Enthüllun-

Die alten Männer – Wahrer der Tradition.

61

Marktszenen in Duschanbe, Tadschikistan.

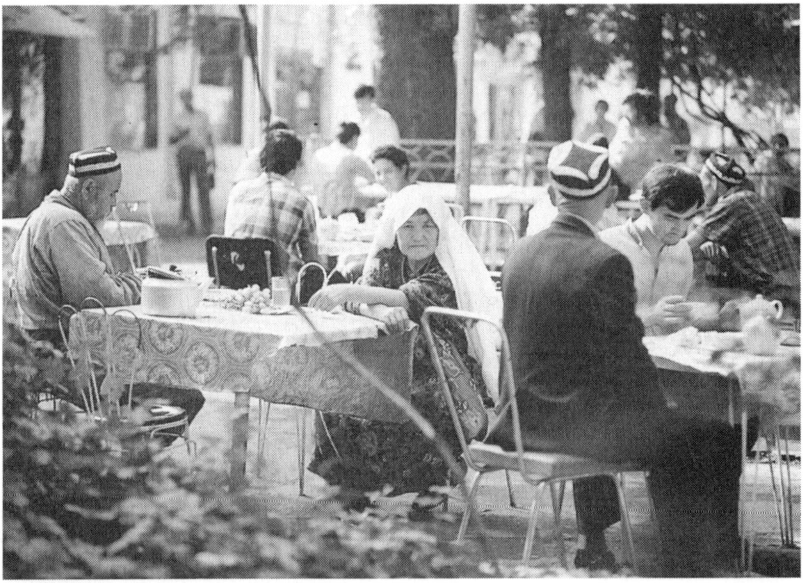

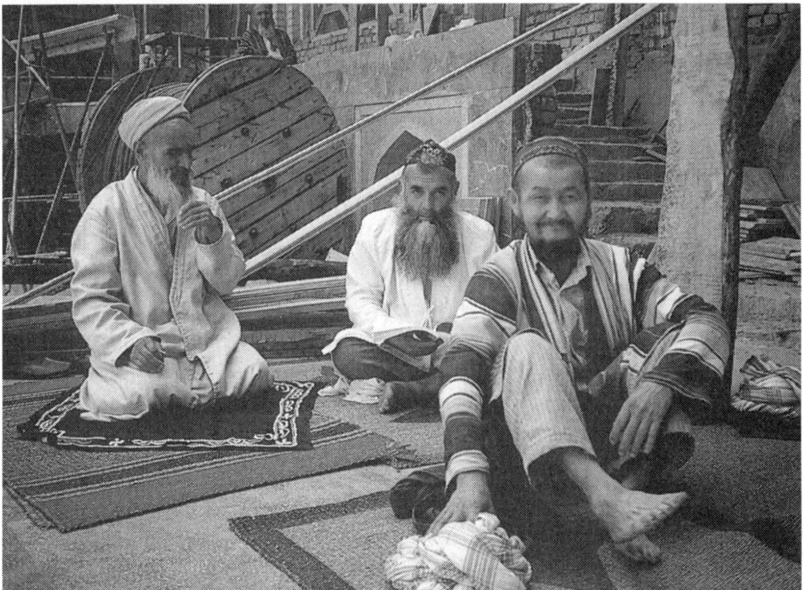

gen Chruschtschows auf dem XXII. Parteitag »Stalin-abad« hieß. In den Gebirgsdörfern Tadschikistans haben sich die muslimischen Widerstandskämpfer, die »Basmat-schi«, bis zu Beginn der dreißiger Jahre gegen die erdrük-kende Übermacht der Roten Armee behauptet. Jenseits der Grenze siedeln mindestens fünf Millionen Tadschiken im benachbarten Nordost-Afghanistan. Der berühmteste Anführer der dortigen Mudschahidin, Ahmed Schah Mas-sud, der »Löwe von Pandschir«, gehört dieser kriegeri-schen Rasse an. In Tadschikistan wurde auch der türkische General Enver Pascha bestattet, Gefährte und Rivale Atatürks, der nach dem Ersten Weltkrieg im Namen der Vereinigung aller Turkvölker in Zentralasien gegen die vorrückenden Bolschewiken kämpfte und fiel. Sein Grab bei Duschanbe wurde zum Wallfahrtsort der örtlichen Na-tionalisten.

Schließlich kommen wir nicht an der Tatsache vorbei, daß sich die Zukunft des sowjetischen Islam in Usbekistan entscheidet, daß bei den zwanzig Millionen Usbeken die Schicksalsstunde schlagen wird, daß dort – von den wenig-sten bemerkt – die Zeitbombe tickt. Mit ihren wider-sprüchlichen Strukturen, ihrer Anpassung an das aufge-zwungene marxistische System, mit der vor allem in Tasch-kent überaus sichtbaren Präsenz einer starken, bislang tonangebenden russischen Minderheit dürfte die »Souve-räne« Sowjetrepublik Usbekistan dem mehrfach zitierten Präzedenzfall Algerien wohl am nächsten kommen. Doch dieses Kernland Zentralasiens besitzt eine ganz andere geschichtliche Dimension als die spröden Hänge des alge-rischen Atlas. Usbekistan verfügt über strahlende Kolos-salmonumente islamischer Kultur. Von Samarkand aus, wo er begraben ist, beherrschte Timur der Lahme, bei uns »Tamerlan« genannt, ein Weltreich, das sich von China bis Litauen, vom Euphrat bis zum Indus erstreckte.

An den herrlichen Moscheen, Palästen, Mausoleen und Koranschulen Samarkands oder Bukharas, an der uner-reichten Pracht des Registan gemessen, erscheinen die Sakral- und Regierungsbauten all jener russischen Groß-fürsten und Zaren, die vor Peter dem Großen regierten, als ärmliche Produkte eines bäuerlichen Waldvolkes. In Bukhara erreichte schon im 9. Jahrhundert die Wissenschaft des Islam unter dem weisen Theologen Ismail Chodij el-Bukhari ihre höchste Blüte. El-Bukhari hatte die Überlieferungen aus dem Leben des Propheten, den »Hadith«, in vorbildlicher Weise überprüft und geordnet.

Die Usbeken haben lange stillgehalten. Unter dem Bleideckel der eigenen roten Parteihierarchie schien sich hier nichts zu bewegen. Aber unterschwellig reift wohl ein diskreter, neuer Machtwille bei diesem alten Herrschervolk. In jüngster Vergangenheit hat Sowjetisch-Usbekistan durch seine blinde Xenophobie von sich Reden gemacht, die – wie erwähnt – sich sporadisch und mörderisch gegen die kaukasischen Meskheten, die versprengten Tataren, ja sogar die kirgisischen Nachbarn im Ferganatal entlud. Wer stand hinter diesen Ausschreitungen? Wie lange werden sich die Nationen Zentralasiens noch auseinanderdividieren lassen?

Es ist immerhin bemerkenswert, daß im frühen August 1991 – wenige Tage vor dem Putsch gegen Gorbatschow –

Die Koranschule Mir-i-Arab in Bukhara.

Rote Nelken gelten als Symbol für das Blut der Märtyrer.

die Präsidenten der mittelasiatischen Republiken und Kasachstans in Taschkent den Beschluß trafen, in Zukunft wirtschaftlich eng zusammenzuarbeiten und mit gemeinsamem Gewicht auf die Entscheidungen des Zentrums einzuwirken. Auf Initiative des usbekischen Präsidenten Karimow, den man in Moskau wohl unterschätzt hatte, und seines kasachischen Kollegen Nasarbajew, dessen Emanzipationswille jetzt deutlich zutage trat, wurde zur Verhinderung drohender Hungersnot ein Konsultativrat für ökonomische Kooperation gegründet und jenes alte Tabu durchbrochen, das unmittelbare Absprachen zwischen den Teilrepubliken unter Umgehung Moskaus untersagte.

*

Eines sei vorweggenommen: Das politische Rumoren in den weit verzettelten Bereichen des sowjetischen »Dar-ul-Islam« ist nach siebzig Jahren systematischer Gottesverleugnung und Religionsunterdrückung zum jetzigen Zeitpunkt noch überwiegend nationalistisch motiviert. Es wäre irrig, heute bereits von einer machtvollen Entfaltung des koranischen Fundamentalismus zu reden. Dazu ist der theologische Wissensstand bei den einfachen Gläubigen wie bei den Imamen viel zu dürftig. Aber es kann nicht ausbleiben, daß das nationale Aufbegehren der diversen Turkvölker – von den Azeri bis zu den Tataren, von den Baschkiren bis zu den Usbeken – äußerst geringe Chancen besitzt, geordnete Verhältnisse zu schaffen, lebensfähige Staatswesen oder gar funktionierende Wirtschaftssysteme zu gründen.

Am Ende des nationalen Erwachens – eines höchst westlich und europäisch anmutenden Vorgangs – dürfte die Erkenntnis stehen, daß dieses importierte Staatskonzept für muselmanische Völker schlecht taugt. Die Hinwendung zum strengen, reinen Glauben der islamischen Frühzeit, der »Salafiya«, die Rückbesinnung auf die koranische Gesetzgebung und die Erkenntnis, daß keine Trennung sein darf zwischen Religion und Staat, zwischen »din wa dawla«, werden wohl am Ende jener erbarmungslosen Konvulsionen stehen, die die letzten Spuren der russischen Präsenz in Zentralasien löschen könnten. Diejenigen, die davon schwärmen, das »große europäische Haus« auf die gesamte euro-asiatische Kontinentalmasse der Sowjetunion oder zumindest auf die immense Russische Föderationsrepublik auszudehnen, sollten sich dieser Perspektiven bewußt sein.

Aserbeidschan

Bürgerkrieg im Kaukasus

In zahllosen Gesprächen und Kontakten hatte man mir versichert, das islamische Kulturgut sei weitgehend tot. Eine Wiederbelebung sei nach siebzigjähriger systematischer Erstickung der koranischen Religion, nach der Exekution zahlloser Mullahs gar nicht mehr vorstellbar. Aber hier in Schuscha, in einem trostlosen Rayonstädtchen der Enklave Nagorny-Karabagh, sieht auf einmal alles ganz anders aus. Die in Schuscha ansässigen Armenier sind seit Ausbruch des offenen Konfliktes mit den schiitischen Aserbeidschanern in umliegende Dörfer und in die nahe Verwaltungszentrale Stepanakert geflüchtet. Jetzt stehen die türkischen Azeri mit traurigem Blick auf dem Hauptplatz herum. Sie tragen die gleichen scheußlichen Schirmmützen wie ihre Verwandten im nahen Anatolien. Nur steht hier nicht Atatürk auf dem Denkmalsockel, sondern der unvermeidliche Wladimir Iljitsch Lenin. Im einzigen, völlig verdreckten Hotel von Schuscha sind aserbeidschanische Flüchtlingsfamilien untergebracht. Frauen schildern unter pathetischem Schreien das Unglück, das über sie gekommen ist, als die Armenier sie aus ihren Heimstätten vertrieben haben. In Schuscha wird eine orientalische Neuinszenierung von »High Noon« gespielt.

Zwei stattliche armenische Kirchen stehen verlassen und verrammelt da. Das seien keine armenischen Christen gewesen, die hier beteten, behaupten die ortsansässigen Muslime wider besseres Wissen, sondern Angehörige einer »albanischen« Bevölkerungsgruppe, von der in keiner Kaukasusstudie die Rede ist.

Linke Seite: Klagende Frauen beim schiitischen Trauerfest »Aschura«.

69

Geißelungen zu Ehren des ermordeten Imams Hussein.

Wir lassen uns zur Freitagsmoschee fahren, die seit Beginn der Perestroika ausschließlich mit Spenden der Gläubigen neu aufgebaut, vergrößert und verschönert wurde. Früher hat sie wohl als Lagerhaus gedient, aber jetzt sind die Innenwände in makellosem Weiß verputzt, und in der Kuppel ist ein Vers der Ta-ha-Sure in farbigen arabischen Lettern gemalt. Der »Achund« dieses schiitischen Gotteshauses – andernorts würde man ihn »Mullah«, »Imam« oder »Khatib« nennen – trägt eine hohe Lammfellmütze. Seine Augen sind strahlend blau. Er zeigt stolz auf die Koranschule, die Medressa, die – quadratisch um einen Innengarten angelegt – vor der Vollendung steht. Es fehlt der schiitischen Gemeinde von Schuscha offenbar nicht an Geld.

Ein glücklicher Zufall hat es gefügt, daß wir am höchsten schiitischen Feiertag, am »Aschura«, in Schuscha zugegen sind. Jetzt läßt sich die Probe aufs Exempel machen, ob man hier noch wie im benachbarten Iran des Martyriums des dritten Imam Hussein gedenken würde, jenes Enkels des Propheten Mohammed, der in Kerbela von seinem sunnitischen Todfeind, dem »teuflischen« Om-

mayadenkalifen Yazid, qualvoll ermordet worden ist. »Am Weinen um die getöteten Imame erkennen die frommen Schiiten sich untereinander«, hat der Ayatollah Khomeini einst gepredigt. In Schuscha ist die legendäre Vergangenheit nicht verschüttet worden.

Ich habe dem würdigen Mullah von Schuscha eine Fotografie gezeigt, die mich – neben Khomeini hockend – in dessen ehemaliger Befehlszentrale von Qom im Iran zeigte. Das Bild ist im Herbst 1979, zwei Tage nach der Geiselnahme der amerikanischen Botschaftsangehörigen in Teheran, gemacht worden. Jetzt wirkt es wie ein Sesam-öffne-dich. Das Kamerateam kann ohne jede Beschränkung arbeiten, und mir selbst wird in silbernem Rahmen eine recht einfältige, fast kitschige Darstellung des Imams Ali überreicht. Der Schwiegersohn des Propheten und Gründer der schiitischen Glaubensrichtung ist darauf mit grünem Kopftuch und dem leicht verschleierten Blick der eifernden Muselmanen abgebildet, wie er mir so oft bei den sogenannten Fundamentalisten aufgefallen ist.

Die Moschee füllt sich allmählich. Es kommen weit mehr Frauen als Männer. Sie gehören den unterschiedlichsten Gesellschaftskreisen und jeder Altersgruppe an. Oft führen die Mütter Knaben an der Hand. Keine dieser Frauen trägt den Tschador, der ihren iranischen Schwestern durch die dortigen Mullahs auferlegt wird. Viele verzichten sogar auf das Kopftuch. Diese totale Absage an die strenge muselmanische Verschleierung, die ich in ganz Aserbeidschan feststellen konnte, hat mich stutzig gemacht. Sollte sich der Atheismus des kommunistischen Staatsapparats dank seiner unbestreitbaren Verdienste um die Emanzipation der Frau etwa doch durchgesetzt und den Islam zumindest beim »zweiten Geschlecht« verdrängt haben? Andererseits ist mir aufgefallen, daß keine Aserbeidschanerin die in Moskau so beliebten Jeans oder engen Hosen trägt. Die Röcke sind hier züchtig und lang.

Eine Gruppe von Männern hat sich vor dem Michrab, der Nische, die die Gebetsrichtung nach Mekka anzeigt, versammelt. Sie beten laut und vernehmlich in türkischer Sprache, denn des Arabischen sind sie nicht mehr kundig. Auch der »Achund« beherrscht nur einige »Ayat«, einige Verse des Korans, und tut sich schwer mit dem ungeschaffenen Wort Allahs. Aber die Trauerlitanei der »Shiat-Ali«, der »Partei Alis«, die Klage um den schrecklichen Tod des frommen Hussein, hat sich offenbar tief ins Unterbewußtsein eingegraben. »Ya Ali, ya Hussein!« schreit die Gemeinde, während ein bärtiger Vorbeter mit weit ausholenden Gesten den Rhythmus bestimmt und die überlieferte Geißelungszeremonie des »Aschura«-Festes mit Schlägen der flachen Hand oder der geballten Faust auf Kopf und Brust einleitet. »Ali, Shahid Allah; Hussein, Shahid Allah«, so werden die Märtyrer Gottes angerufen. Die Moschee hat sich inzwischen bis zur Pforte gefüllt. Dicht kauern die gläubigen Frauen im inneren Kreis, die Männer am Rande und erfüllen den Raum mit ihren Schreien, ihren Klagen und dem Klatschen der symbolischen Geißelung.

Jetzt erhebt eine Frau ihre schrille Stimme. Mit bemerkenswertem schauspielerischen Talent schildert sie mit von Trauer erstickten Lauten die Leiden und letzten Peinigungen des heiligen Imam Hussein. Schon entblößt, gleich neben dem Mullah stehend, ein graubärtiger Mann seinen Oberkörper, holt eine vielschwänzige Peitsche hervor und beginnt sich rhythmisch auf den Rücken zu schlagen, wo rote Striemen sichtbar werden. Zwei junge Männer tun es ihm gleich, sie brauchen einige Zeit, um sich an das regelmäßige Schwingen des Marterinstruments zu gewöhnen. Mütter drängen sich nach vorn, um ihre kleinen Söhne mit einem angedeuteten Peitschenhieb an der heiligen Zeremonie teilhaben zu lassen. Wieder schiebt sich ein Frommer vor den Michrab, kreuzt die Arme schmerzvoll über den Schultern. Im Brustton der Verzweiflung, mit tränenüberströmtem Gesicht gedenkt er der Märtyrer des schiitischen Glaubens. Innig einbezogen in das Gebet werden jene aserbeidschanischen Kämpfer des Islam, die im Gefecht gegen die ungläubigen Armenier gefallen sind, aber – hier horche ich auf – auch jene glorreichen Toten, die bei der Rückeroberung Bakus durch sowjetische Truppen am 20. Januar 1990 den Tod gefunden haben.

*

Wir haben hier kein neues Vietnam oder Afghanistan vor uns. Der Partisanenkrieg im Kaukasus erinnert mich eher an den Algerienfeldzug der Franzosen. Es sind die sowjetischen Streitkräfte, meist russische Soldaten des Innenministeriums, die die Straßen der Enklave Nagorny-Karabagh überwachen. Sie kontrollieren die Passanten. Wer könnte schon an der Physiognomie einen Aserbeidschaner von einem Armenier unterscheiden? Links der gewundenen Gebirgsstraße, die von Agdam an dem armenischen Bollwerk Stepanakert vorbei zum aserbeidschanischen Schuscha führt, werden die Autos nach versteckten Waffen untersucht. Doch die wirklichen Partisanen halten sich im Gebirge, in befreundeten Dörfern versteckt. Dort erinnern die Verhältnisse an den Libanon, wo ähnlich wie hier auf winzigstem Gebiet – im Schuf oder im Metn – die verschworenen »Tawaif«, die verfeindeten Glaubensgemeinschaften, sich gegenseitig befehden und mißtrauisch gegenüberstehen.

Sowjetische Kontrollen entlang der umkämpften Straße nach Stepanakert.

Die sowjetischen Soldaten tragen Stahlhelm und kugelsichere Weste. Sie haben die unvermeidliche Kalaschnikow schußbereit zur Hand, derer sich auch die Freischärler bedienen. Früher taten hier überwiegend Militärs Dienst, die in den asiatischen Republiken rekrutiert wurden: Usbeken und Turkmenen. Als Muselmanen sympathisierten sie wohl mit ihren aserbeidschanischen Glaubensbrüdern. Deshalb schickt Moskau jetzt fast ausschließlich slawische Truppen in den Kaukasus. Da dieser Dienst im Partisanengebiet auf ominöse Weise an die Situation in Afghanistan erinnert, wirbt man mit relativ hohem Sold für besonders kritische Einsätze ausschließlich Freiwillige an.

Welche Aufgabe üben die Russen hier aus? Sichern sie als Mittler und Überwacher die »Pax sovietica« zwischen den verfeindeten Kaukasusvölkern? Oder werden sie aus der Machtzentrale in Moskau machiavellistisch und hinterhältig dazu benutzt, die Spannung zu verschärfen, die ethnischen und religiösen Gegensätze hochzuspielen und nach dem Prinzip des »Teile und herrsche« zu verfahren? So lauten jedenfalls die Anklagen von beiden Seiten, wenn die Dorfbewohner zu endlosen Palavern zusammenkommen und über ihre Notlage beraten. Die Armenier behaupten, Gorbatschow habe ursprünglich die Aserbeidschaner begünstigt, weil die Republik von Baku im Gegensatz zur Republik von Eriwan auf die Forderung nach totaler staatlicher Unabhängigkeit verzichtet habe. Tatsächlich haben sich die Azeri im Sommer 1991 eilfertig zur Unterzeichnung des All-Unions-Vertrages im Kreml bereitgefunden und Gorbatschows Föderationsplan offiziell unterstützt. In den düsteren Mienen der hiesigen Schiiten läßt sich jedoch die wahre Stimmung des Volkes schlecht ablesen, und die blonden russischen Friedensstifter und Okkupanten bewegen sich hier auf unsicherem Terrain.

Immer wieder wird die Anklage erhoben: »Die Perestroika ist schuld; sie hat Unruhe und Blutvergießen ausgelöst.« Aufgeflammt ist der neue und alte Streit um das Gebiet um Nagorny- oder Berg-Karabagh wohl schon im Jahr 1988, als die rund 140 000 Armenier dieses Territoriums – sie stehen knapp vierzigtausend Azeri gegenüber

Verlassene armenische Kirchen. Am Rande des Dorfes: die Gräber gefallener armenischer Freischärler.

– ihren Anschluß an Eriwan forderten und die Sozialistische Sowjetrepublik Armenien diesen Anspruch zu ihrem eigenen Anliegen machte.

Die ersten Überfälle, Geiselentführungen und Mordanschläge schufen jene Bürgerkriegsstimmung, die heute auf beiden Seiten in totale Unversöhnlichkeit ausgewuchert ist. Viele isolierte Dörfer sind nur noch durch Hubschrauber zu erreichen und zu versorgen. Die Sowjetführer in Moskau schienen zwischen den Fronten zu pendeln. Sie taktierten halbherzig und ungeschickt. Der Kompromißvorschlag, Berg-Karabagh unter die direkte Administration der Unionsregierung zu stellen, löste in Aserbeidschan einen Sturm der Entrüstung, einen Aufstand der Massen aus, zumal sich gewaltige Flüchtlingskolonnen – Azeri aus Armenien, Armenier aus Aserbeidschan – auf den Weg gemacht hatten, um in ihren jeweiligen Heimatgebieten Rettung zu suchen.

Der aserbeidschanische Mob holte in der Erdölstadt Sumgait und in Baku selbst, wo die armenische Diaspora besonders stark vertreten war, zu entsetzlichen Pogromen aus. Wieder einmal schien das leidgeprüfte armenische Volk einer grausamen Vernichtung ausgeliefert. Statt zu ihrem Schutz zu intervenieren, verhielten sich die Einheiten der Armee und des Innenministeriums jedoch auf skandalöse Weise passiv.

Während das zweite Massaker unter den wehrlosen Armeniern in Sumgait in den ersten Januartagen 1990 wütete – von entfesselten aserbeidschanischen Flüchtlingen angeheizt –, sah wiederum die sowjetische Ordnungsmacht scheinbar ungerührt zu. Weder die einen noch die anderen haben den Russen diese unerklärliche Abstinenz verziehen, und beide, Armenier und Azeri, reden heute hinter vorgehaltener Hand von einer gezielten Provokation Moskaus. Durch die gegenseitige Schwächung und Diskreditierung der jeweiligen Bürgerkriegsparteien sollte die Macht Rußlands konsolidiert werden, so wurde kolportiert.

Im Januar 1990 war es soweit. Antisowjetische Agitatoren, von jubelnden Massen umringt, versammelten sich

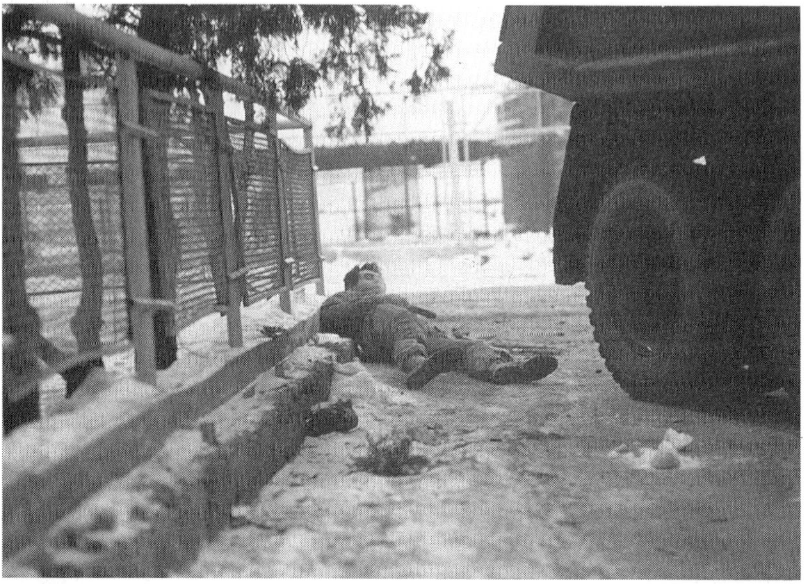

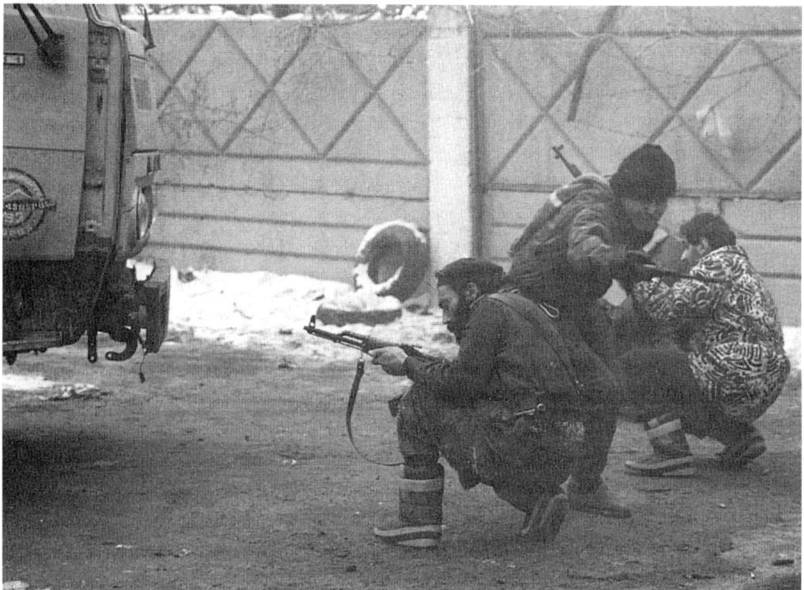

*Bürgerkriegs-
szenen aus dem
Kaukasus.*

auf dem Leninplatz von Baku, der von nun an »Platz der Freiheit« hieß. Die Unabhängigkeit der Republik Aserbeidschan wurde proklamiert, während die letzten Armenier aus Furcht vor neuen Pogromen sich aus der Küstengegend des Kaspischen Meeres in andere Teile der Sowjetunion retteten und die Truppen der Sowjetmacht in ihren Kasernen verharrten. Die Redner auf dem »Platz der Freiheit« hißten die alte Traditionsfahne Aserbeidschans, blau-rot-grün, mit dem weißen Halbmond des Islam im Mittelfeld.

Aber dieses war, wie alle Augenzeugen versichern, kein islamischer Umsturzversuch, sondern eine rein nationalistische Erhebung. Die Revolutionäre von Baku, die sich zu einer weitgespannten »Volksfront« bekannten, suchten damit an die kurzlebige »Demokratische Republik Aserbeidschan« anzuknüpfen, die zwischen 1918 und 1920 existiert hatte. Die damaligen Politiker des »Mussawad«, der Partei der Gleichheit, mögen linksliberale oder sozialdemokratische Ideen propagiert haben, soweit sie überhaupt ein präzises Programm besaßen. Sie stützten sich nach dem Zusammenbruch des Zarenreiches auf türkische, dann auf britische Interventionseinheiten.

Die proletarisch-bolschewistische Bewegung, die in diesem frühen Industriezentrum Rußlands über authentische Wurzeln und Weggefährten verfügte, war blutig unterdrückt worden. Sechsundzwanzig kommunistische Kommissare, leuchtende Symbolgestalten der späteren Propaganda, wurden standrechtlich erschossen. Im März 1920 fand das kurze Zwischenspiel der Eigenstaatlichkeit des demokratischen Aserbeidschans ein jähes, brutales Ende. Die Rote Armee rückte gegen schwachen Widerstand ein, angeführt von dem Berufsrevolutionär Sergej Mironowitsch Kirow. Der kurze Freiheitstraum erstickte unter der roten Tyrannei.

An diese »Demokratische Republik« von 1918 bis 1920 und ihre verschwommenen Ideale wollten die Aufrührer von Baku im Januar 1990 wieder anknüpfen. Nicht auf die fundamentalistische Khomeini-Linie des schiitischen Islam richteten sich die plötzlich konstituierte »Volksfront«

und ihre diversen Komponenten von Baku aus, sondern auf das vage Gedankengut der »Mussawad«-Partei des Jahres 1918. Gewiß drängten sich obskure Demagogen und Provokateure nach vorn. Manche waren wohl aus dem Iran eingeschleust worden. Andere, wie der Dreher Panakhow, waren angeblich auf das kemalistische Beispiel der Türkei eingeschworen. Offensichtlich versuchten irgendwelche Drahtzieher bereits, die »Volksfront« zu spalten. An Doppelagenten und zwielichtigen Erscheinungen hat es ganz bestimmt nicht gemangelt. Die grüne Fahne der islamischen Revolution hat angeblich nicht länger als ein paar Minuten über der begeisterten Menge des »Platzes der Freiheit« geweht. Das Bild Khomeinis, das ein paar bärtige Männer plötzlich über ihren Köpfen trugen, soll ebenfalls nur eine kurze Zeitspanne zu sehen gewesen sein.

Doch in der sowjetischen Presse, in der Fernsehberichterstattung, die natürlich auch das öffentliche Verbrennen von Parteibüchern der KPdSU vorzeigte, wurde diesen islamisch-fundamentalistischen Momentaufnahmen ein

Zerrissene Parteibücher der KPdSU.

überdimensionaler Platz eingeräumt. Der Eindruck mußte entstehen – und er wurde systematisch vom Moskauer Propagandaapparat suggeriert –, daß in Aserbeidschan ein blindwütiger, obskurantistischer, islamischer Aufstand sich zunächst des Massakers an unschuldigen armenischen Zivilisten, mitsamt Frauen und Kindern, schuldig gemacht habe und jetzt stehe, unter der Fahne des »Heiligen Krieges« und dem furchterregenden Antlitz Khomeinis, die Machtergreifung des fanatischen Fundamentalismus bevor. Diese Vorwürfe gegen die Moskauer Medien werden von durchaus glaubwürdigen Aserbeidschanern vorgetragen. Dabei habe es in der Industriestadt Sumgait nur zu so schrecklichen Ausschreitungen kommen können, weil unter der dortigen entwurzelten Arbeiterschaft jedes religiös-sittliche Empfinden abhanden gekommen sei und weil der Islam dort tatsächlich ausgerottet schien.

Sowjetische Panzereinheiten rücken am 20. Januar 1990 in Baku vor.

Dann geschah das Unvermeidliche, in den Augen der meisten Azeri das Ungeheuerliche. Die Revolutionäre der »Volksfront«, an ihrer Spitze meist kriegsunkundige Intel-

lektuelle, hatten mit einer Handvoll Freiwilliger und den paar Handfeuerwaffen, über die sie verfügten, eine höchst dilettantische Verteidigung der Hafen- und Hauptstadt Baku gegen eine eventuelle sowjetische Militäraktion vorbereitet. Drei Zufahrtsstraßen waren durch improvisierte Barrikaden und ineinander verschachtelte Autos gesperrt. In der Nacht des 20. Januar 1990 schlug Moskau zu, holte zu einer kriegerischen Expedition großen Umfangs aus und setzte dreißigtausend Soldaten in Marsch. Marineeinheiten besetzten in einer blitzartigen Operation die Hafenanlagen am Kaspischen Meer. Luftlandetruppen gingen im Umkreis des Flugplatzes nieder. Die Panzer, die während der Pogrome gegen die Armenier unsichtbar geblieben waren, rasselten aus ihren Kasernen, schoben die Barrikaden beiseite und feuerten blindlings in die flüchtende, immer noch festlich gestimmte Menge. Die aufsässigen Azeri stoben vor diesem Aufgebot auseinander, viele von ihnen wurden zusammengeschossen, als wollte man die berühmten Filmszenen des »Panzerkreuzer Potemkin« auf den Stufen von Odessa wiederholen. Mindestens einhundertzwanzig Menschen sollen in diesen wenigen Stunden umgekommen sein.

Am frühen Morgen des 20. Januar 1990 war die »Pax sovietica« in Baku und ganz Aserbeidschan wiederhergestellt. Keine westliche Regierung hatte protestiert, wie das im Falle Litauens oder Lettlands der Fall gewesen wäre. Moskau hatte die Ordnung wiederhergestellt, das Massaker an den Armeniern gesühnt und dem fundamentalistischen Islam, der sich angeblich in seiner finstersten schiitischen Erscheinungsform auch des Kaukasus zu bemächtigen drohte, den Riegel vorgeschoben. In Washington bestand sogar Grund, die Partner im Kreml zu dieser rasanten Kriegsoperation zu beglückwünschen, zumal im Umkreis von Baku Nuklearraketen gelagert gewesen sein sollten, die man um keinen Preis in die Hände unverantwortlicher religiöser Extremisten fallen lassen durfte.

Die aserbeidschanische Hauptstadt Baku befand sich zur Zeit unseres Aufenthaltes immer noch im Ausnahmezustand. Doch es war wenig davon zu merken. Erst im Juni 1991 wurde die nächtliche Ausgangssperre aufgehoben. Jene bedrohlichen Schützenpanzer, die auf dem »Platz der Freiheit« zu Füßen der Leninstatue mit der grotesk prophetischen Geste aufgefahren waren, wurden abgezogen. Die Führungsspitze der aserbeidschanischen Kommunistischen Partei, die in den Tagen der Wirren wie vom Erdboden verschluckt schien, wurde ausgewechselt. Als Erster Sekretär der aserbeidschanischen Kommunisten und als »Präsident« der Aserbeidschanischen Republik, wie er sich nunmehr nennen durfte, wurde der relativ neutrale Kaderpolitiker Ajas Mutalibow berufen, der den Ruf eines farblosen Technokraten genießt und recht geschickt zu taktieren begann. Aserbeidschan verzichtete feierlich und offiziell auf die hochgemute Forderung nach totaler Unabhängigkeit. Mutalibow unterwarf sich ohne Einspruch dem von Gorbatschow entworfenen All-Unions-Vertrag. Die radikalen, revolutionären Gruppen, zumal wenn sie islamisch inspiriert schienen, wurden diskret unterdrückt.

Auf der anderen Seite blieb jedoch eine seltsame Zweideutigkeit in den Beziehungen zum großen russischen »Bruder« bestehen, dem man offiziell wieder huldigte, der aber seit dem Blutbad vom 20. Januar 1990 beim Volk zutiefst verhaßt war. Nicht umsonst wanderten nicht nur die letzten Armenier und die bislang einflußreiche jüdische Gemeinde aus. Eine Vielzahl von Russen schickte sich an, soweit die materiellen Möglichkeiten vorhanden waren, in ihre Heimat zurückzukehren.

Der kommunistische Parteiapparat hat damals die Zügel wieder an sich gerissen. Sowjetische Militäreinheiten und ein überdimensionales Aufgebot des KGB waren Garanten der Stabilität. Und dennoch ist alles ganz anders geworden in dem türkischen und schiitischen Staatswesen Aserbeidschan, das seinen Namen von »Sozialistische Sowjetrepublik« laut Moskauer Vereinbarung in »Souveräne Sowjetrepublik« umwandeln sollte. Die Kommunisten

sind sich sehr wohl bewußt, daß die Mehrheit der Bevölkerung nicht mehr hinter ihnen steht.

Mutalibow, den man in Baku gelegentlich mit dem Ungarn János Kádár vergleicht, hat dem Rechnung getragen, indem er in die verschiedenen Regierungs- und Verwaltungsinstanzen, die den bislang allgegenwärtigen Parteiapparat schrittweise zurückdrängten, gemäßigte Vertreter der »Volksfront« berufen hat. Diese neuen Männer machten aus ihrem ungebrochenen Willen nach totaler Unabhängigkeit Aserbeidschans keinen Hehl. Bemerkenswert vor allem war die Rolle des Oppositions- und Volksfrontpolitikers Tamerlan Karajew, der zum Vizepräsidenten des Parlaments von Aserbeidschan berufen wurde. Das alte persisch-arabische Wort »Madschlis« hatte hier den Ausdruck »Oberster Sowjet« klammheimlich verdrängt.

*

Vor Überraschungen ist man in Baku nie gefeit. Völlig verblüffend verlief für mich ein Gespräch mit Fazil Gulamoglu Muradaliew, dem für ideologische Fragen zuständigen Sekretär der Kommunistischen Partei. Von der Wand

Die Verzweiflung der Trauernden.

*Unabhängig-
keitskund-
gebung mit der
alten Fahne der
aserbeidscha-
nischen
»Mussawad«-
Republik.*

seines Büros blickte weiterhin der unvermeidliche Lenin,
aber auf dem Schreibtisch des Parteigewaltigen, der mich
mit der Liebenswürdigkeit eines türkischen Effendi emp-
fing, flatterte das Fähnchen der »Mussawad«-Republik
von 1918, blau-rot-grün, mit weißem Halbmond. Der Sekretär für Ideologie, also der amtliche Verfechter der immer noch nicht total abgeblasenen gottlosen Agitation,
zögerte keinen Moment, über den Islam und dessen schiitische Erscheinungsform höchst versöhnlich zu sprechen,
auch wenn er in koranischen Dingen wenig bewandert
schien. Muradaliew betonte die Rolle der Religion, um
insbesondere den Jugendlichen eine sittliche Grundlage zu
vermitteln. In der Politik habe der Islam zwar nichts zu
suchen, aber das habe er in der kemalistischen Türkei
schließlich auch nicht.

Dann erzählte der Sekretär von seinen Reisen ins Ausland. Von einem Besuch in München waren ihm vor allem
die interessanten und positiven Gespräche bei »Radio
Free Europe« in Erinnerung geblieben. In Washington sei
er mit dem Reverend Moon zusammengetroffen, der
selbst im konservativen Westen als bornierter Reaktionär

bekannt ist. Die Gesellschaftsvorstellungen Moons, ausgehend von der intakten Familienbasis, hätten dem Parteisekretär imponiert. Er unterhalte weiterhin beste Beziehungen zur »Washington Times«, dem Sprachrohr der Moon-Sekte.

Das Parteigebäude lag hoch auf der Hügelterrasse, die die Bucht von Baku wie ein Amphitheater umschließt. Von dieser Stadt am Kaspischen Meer geht eine seltsame Faszination aus. Da bilden am Horizont die altertümlichen, oft noch hölzernen Bohrtürme des Kap Apscheron einen surrealistischen Wald. In der Ferne wird abgefakkelt. Gewaltige Feuersäulen erinnern an den Zarathustra-Kult, der an dieser Stelle seinen Ausgang genommen haben soll. Dickbauchige, gewaltige Rohrleitungen – geborsten und verrostet, mit jämmerlichen Lappen geflickt und vor Rohöl triefend – ziehen sich überall am Stadtrand und am Strand entlang. Sie bestätigen den Eindruck einer ungeheuerlichen ökologischen Katastrophe. Die Petroleumförderung von Baku – vor dem Ersten Weltkrieg ein Drittel der gesamten Weltproduktion – ist drastisch geschrumpft, fast versiegt. Im Kaspischen Meer lassen die

Die geballte Petroleumförderung hat zur Ölpest geführt.

87

Orientalische Altstadt in Baku.

Behörden krampfhaft im Off-Shore-Verfahren nach neuen Reserven bohren. Die Verseuchung der Umwelt hat gigantische, irreparable Ausmaße angenommen, und die Luft legt sich auch bei strahlender Sonne schwer auf die Bronchien.

Die alte Innenstadt verfügt dennoch über orientalischen, besser gesagt, levantinischen Charme. Da sind zunächst einmal die Stadtmauern, Festungen, Moscheen und Karawansereien, auch der Palast des Schirwan Schah, die an die frühe Islamisierung durch arabische Vorhuten und später an die lange Rivalität zwischen der türkischen Pforte und dem Pfauenthron der persischen Safawiden erinnern. In den abgelegenen, verschlafenen Seitengassen könnten die anmutigen, reich geschnitzten Holzbalkone der großen Metropole Istanbul am Goldenen Horn entliehen sein. Auf erfreuliche Weise gehen diese Stadtteile, die noch vor der russischen Inbesitznahme entstanden sind – Katharina die Große schickte einen ihrer Günstlinge, der von der Eroberung Isfahans träumte, bis zu dieser strategischen Schlüsselstellung am Kaspischen Meer –, ohne Bruch in jene Prunkbauten des triumphierenden westlichen Kapitalismus über, die in der zweiten Hälfte des 19. Jahrhunderts und vor Ausbruch des Ersten Weltkrieges gebaut worden sind.

Diese reich verschnörkelten Monumentalvillen, Banken und Musentempel einer stürmischen Gründerzeit sind selbst durch siebzigjährige kommunistische Verwahrlosung nicht kleinzukriegen und geben Kunde von einer Periode wirtschaftlichen Aufbruchs, bei dem sich vor allem der schwedische Finanzier und Sprengstofferfinder Alfred Nobel hervorgetan hat. Der Stifter des Nobelpreises hat sich auch der Stadt Baku gegenüber generös verhalten, und das wird heute noch anerkannt. Er ließ seine eigenen Erdölarbeiter nicht zu kurz kommen und verschönte das Zentrum von Baku mit anmutigen Parkanlagen. Nach Leningrad – jetzt wieder »St. Petersburg« –, Moskau und Kiew dürfte Baku die stattlichste Metropole der Sowjetunion sein. Hier hatte sich, im Schatten eines orientalisch wuchernden Jugendstils, eine kosmopoliti-

*Im Jahr 1920
halten die Bol-
schewiki in
Baku einen
Völkerkongreß
zur Befreiung
der Kolonial-
gebiete ab.*

sche Atmosphäre erhalten, geprägt durch jenes levantinisch wirkende Flair, das einst dem Alexandria Lawrence Durrells und auch Kairo anhaftete.

In Ägypten ist diese internationale Konvivialität durch die Machtergreifung Gamal Abd el-Nassers und den Suezkrieg von 1956 ausgemerzt worden. In Baku schlug die Stunde der aserbeidschanischen Provinzialisierung, als nach den Pogromen von Sumgait Armenier, Juden und all jene vielfältigen Minderheiten davonstoben, die den Reiz der dortigen, etwas altmodisch anmutenden Gesellschaft ausmachten. An ihre Stelle drängten sich die erbärmlichen Azeri-Flüchtlinge aus Armenien und viele Zuwanderer vom Land. Es fand, wie man heute in Istanbul sagt, eine »Anatolisierung« statt.

Das städtische Theater von Baku – am Fries steht das Baujahr 1911 – ist in zweifacher Beziehung bedeutungsvoll. In diesem goldverzierten, mit Stuck, barbusigen Najaden und Putten überladenen Bau, dessen rotes Plüschpolster ausnahmsweise renoviert wurde, tagte 1920 nach der Eroberung Bakus durch die Rotarmisten Kirows der große Völkerkongreß. Die Versammlung stand unter Anleitung Grigorj Jewsejewitsch Zinoviews, eines der ersten Weggefährten Lenins im Exil, der später der Stalinschen Säuberungswelle zum Opfer fallen sollte. Zinoview rief damals alle vom Kolonialismus und Kapitalismus ausgebeuteten Völker auf, ihr Joch abzuschütteln. Unter den Delegierten aus der »Dritten Welt«, wie wir heute sagen würden, befand sich unter anderen ein unbekannter indochinesischer Revolutionär, Ai Nguyen Quoc, der später unter dem Namen Ho Chi Minh zu Weltberühmtheit gelangen sollte. Vor allem aber waren die muselmanischen Aufwiegler aus dem ganzen Orient nach Baku eingeladen worden.

Die Bolschewiki wiegten sich damals noch in der Hoffnung, den Islam als Brechstange gegen die westliche Weltherrschaft und gegen jene Finanzmonopole aufbieten zu können, die sich im Schatten des Union Jack und der Trikolore behaupteten. Die muslimischen Völker sollten vor den Wagen der proletarischen Revolution gespannt werden. Die tatarische Volksgruppe der Sowjetunion, von den sogenannten Erneuerern, den »Dschadiden« inspiriert, suchte – unter Führung des bereits erwähnten Sultan Galiew – nach einem Kompromiß zwischen säkularer islamischer Umgestaltung und revolutionärer Sozialgerechtigkeit.

Im Juli 1991 wurde das Theater von Baku wiederum Schauplatz eines bemerkenswerten Spektakels. Zinoview war durch die Geschichte widerlegt worden. Die Sowjetunion, die so viele Jahrzehnte hindurch jede Auflehnung gegen den europäischen Kolonialismus, später den »Yankee-Imperialismus« mit allen nur denkbaren Mitteln inspiriert und angeheizt hatte, sah sich – seit der Offenbarung des Afghanistan-Feldzuges – selbst an den Pranger fremdherrschaftlicher Ambitionen gestellt.

Das Rumoren im Kaukasus und in Zentralasien stempelte Moskau, die vermeintliche Zentrale der Völkerbefreiung, zur letzten Bastion eines unverbesserlichen, wenn auch geschickt getarnten Kolonialismus. »Un jour même les Russes comprendront qu'ils sont des Blancs – eines Tages werden sogar die Russen begreifen, daß sie Weiße sind«, hatte Charles de Gaulle in den sechziger Jahren prophezeit. Jetzt war die Zeit reif für die Erkenntnis, daß das Konzept des »sowjetischen Menschen« bestenfalls ein Hirngespinst, in Wirklichkeit eine grobe Irreführung war. Mit Verspätung sahen die Russen sich eingereiht in die lange Reihe europäischer Konquistadoren, nur daß sie im Gegensatz zu Engländern, Franzosen und Portugiesen die Bürde ihrer Hegemonie über fremde Erdteile noch immer mit sich schleppten.

Im Juli 1991 hielt die oppositionelle »Volksfront« von Aserbeidschan, mit Genehmigung der kommunistischen Behörden, ihren ersten großen Kongreß im hübschen, altmodischen Theater von Baku ab. Dieses Zugeständnis war recht beachtlich. Weiterhin stand Baku ja unter Ausnahmerecht, und Ende Mai 1991, als die Oppositionellen den 73. Gründungstag der »Demokratischen Republik Aserbeidschan« vor der Universität mit einer Kundgebung hatten feiern wollen, waren sie von der Miliz mit Schlagstöcken auseinandergetrieben worden. Die zahllosen Wimpel und Fahnen des kurzlebigen »Mussawad«-Staates wurden dabei allerdings nicht angetastet.

Es ist eine durchaus eindrucksvolle Veranstaltung, die die »Volksfront« an diesem 13. Juli zusammengetrommelt hat. Auf der Bühne haben die offiziellen Sprecher Platz genommen – bärtige Prophetengestalten und glattrasierte Routiniers. Die Auswahl der Delegierten wird lebhaft diskutiert. In leidenschaftlichen Ansprachen wird die einstimmige Forderung nach aserbeidschanischer Souveränität über Nagorny-Karabagh und nach resoluter Abwehr der armenischen »Aggression« bestätigt. Mindestens ebenso deutlich ist der Ruf nach totaler staatlicher Unabhängigkeit. Als die eindrucksvolle alte Nationalhymne Aserbeidschans aus dem Jahr 1918 erklingt, werden viele Augen feucht. Die Versammlung erhebt sich zu diesen pathetischen Klängen, und die Anwesenden ballen die Faust in einer Bewegung, die alles andere als klassenkämpferisch ist.

Mich frappierte die Tatsache, daß, von wenigen religiösen Eiferern abgesehen, die ihre kurzen Ansprachen mit

Zitaten des Korans einleiteten, die Versammlung überwiegend bürgerlich wirkte. Sie hätte gut in die intellektuelle Szene, in die Salons von Istanbul gepaßt, wie überhaupt die meisten »Volksfront«-Protagonisten ihre Verbundenheit mit der nahen türkischen Republik, mit der sie
rassisch und sprachlich so eng verwandt sind, immer wieder betonten. Seltsamerweise schienen jedoch die wenigsten dieser demokratischen Oppositionellen bemerkt zu
haben, wie weitgehend das laizistische, ja, antireligiöse
Erbe des großen Atatürk durch eine schleichende Re-
Islamisierung in Anatolien heute bereits ausgehöhlt ist.

Unter zwei barbusigen Nymphen aus Stuck sitzt in der
linken Ehrenloge das offizielle Oberhaupt des schiitischen
Religionszweiges für Transkaukasien, der Scheikh ul Islam
Allahschukür Poschasade, mit einem kleinen Gefolge von
Mullahs. Allahschukür, ein fetter, bleicher Mann, ist erst
dreiundvierzig Jahre alt. Ich habe ihn in seiner Tasapir-
Moschee, neben der eine neue Koranschule gebaut wird,
aufgesucht. Aber meine Interviewfragen hat dieser listige
Mann Gottes, der zum Freitagsgebet nur ein spärliches
Aufgebot von Greisen und Kindern zusammenbrachte –

*Siebzig Jahre
später bekundet
im selben Thea-
ter von Baku
die oppositio-
nelle »Volks-
front« ihren
Willen zur
Unabhängig-
keit.*

*Die Versamm-
lung der
Opposition
besinnt sich auf
die »Mussa-
wad«-Republik
der Jahre
1918–1920.*

die paar Frauen waren im Hintergrund durch einen Vor-
hang verborgen –, als »zu scharf« empfunden, obwohl ich
mich lediglich nach dem Ausmaß der islamischen Wiedergeburt in Sowjetisch-Aserbeidschan, nach einer möglichen
Zusammenarbeit mit der iranischen Mullahkratie und den
Perspektiven eines islamischen Gottesstaates in diesem
Teil des Kaukasus erkundigen wollte.

Während der Kongreßsitzung hat sich ein eifernder junger »Volksfront«-Anhänger zu mir gesellt. Als ich ihm den
Scheikh ul Islam zeige, äußert er heftige Ablehnung. Wer
von den Imamen und Mullahs der Sowjetunion zur Zeit
Breschnews den Koran studieren und wie Allahschukür
die theologische Universität al-Azhar in Ägypten besuchen konnte, mußte enge Kontakte zum KGB unterhalten, so beteuert er. Dieser Scheikh ul Islam sei eine Mario-
nette der Kommunisten. Er selbst sei Gegner einer jeden
Form von Theokratie, betont der junge Mann, aber wenn
man schon nach echten Vertretern der koranischen Lehre
suche, so solle man sie nicht unter den Repräsentanten
jenes korrupten Staatsislam suchen, die von den marxistischen und atheistischen Behörden im Rahmen der soge-

Abstimmung der »Volksfront«-Delegierten.

nannten Geistlichen Direktionen eingesetzt worden seien. Sie hätten nur eine stillschweigende Kontroll- und Beschwichtigungsfunktion gegenüber den Gläubigen ausgeübt.

Da seien neue junge Männer im Kommen, Intellektuelle, Juristen, Ingenieure, Ärzte, die plötzlich vom Ruf Allahs berührt worden seien. Diese frommen Männer würden mühselig jene arabischen Sprachkurse absolvieren und sich in jene Koraninterpretationen vertiefen, die dank freier Einfuhr saudiarabischen und persischen Lehrmaterials wieder zu beschaffen seien. Bei diesen spontanen, aus der Inbrunst des Volkes hervorgegangenen Predigern und ihren neugegründeten Gemeinden – »les mosquées sauvages – die wilden Moscheen«, hatte man dieses Phänomen in Algier bezeichnet – handele es sich möglicherweise um die Vorläufer einer rigorosen geistlichen Radikalisierung. Er persönlich halte nicht viel von diesen Fanatikern. Im übrigen, so fügt mein beredter »Volksfront«-Propagandist hinzu, solle ich mir keine Illusionen machen. Auch unter den hier anwesenden Vertretern und Wortführern der Opposition stehe schätzungsweise jeder Dritte in engem Kontakt zu den sowjetischen Sicherheitsorganen, wenn nicht gar in deren Sold.

Seltsame Verworrenheit der Verhältnisse in Baku! Hier schien alles »getürkt«. Die Undurchsichtigkeit, Zweideutigkeit aller Kundgebungen und Aussagen verdichtete sich nach und nach zu einem unlösbaren Knäuel. Immer wieder hatte ich meine Gesprächspartner gefragt, ob die Aserbeidschaner, zu achtzig Prozent dem schiitischen Glaubenszweig zugehörig, nicht instinktiv und meisterhaft jene Lizenz zur »Taqiya« praktizierten, die die »Partei Alis« von den sunnitischen Muslimen unterscheidet. Im Namen der »Taqiya« – im Iran wird das Wort »Kitman« bevorzugt – darf der fromme Schiite, wenn er übermächtiger Verfolgung oder Bedrängnis ausgesetzt ist, seine intimsten Überzeugungen, auch seine religiösen Glaubenssätze verleugnen, ohne sich im geringsten vor Allah und seinem Propheten schuldig zu machen. Immer wieder, bei Journalisten, »Volksfront«-Anhängern, Sekretären der Kommunistischen Partei, ja, bei den Mullahs, habe ich diese Frage nach der »Taqiya« gestellt, und jeder tat so, als hörte er das Wort zum ersten Mal.

Wer kann sich einen Reim darauf machen, daß das Denkmal zu Ehren der sechsundzwanzig kommunistischen Kommissare, die von ihren Gegnern der aserbeidschanischen »Mussawad« im Jahre 1918 erschossen wurden, nunmehr an einem idyllischen, schattigen Platz der Hauptstadt völlig verwaist ist! Dabei handelt es sich ausnahmsweise um eine recht geschmackvolle Bildhauerarbeit: Die steinerne Symbolfigur mit dem breiten Stalin-Schnurrbart hält mit muskulösen Arbeiterarmen eine Urne vor sich ausgestreckt, in der ein ewiges Feuer flackkert. Früher, so heißt es, seien hier alle politischen und auch die gesellschaftlichen Feiern abgehalten worden. Die Hochzeitspaare hätten nach der Trauung neben der Flamme ihre roten Nelkensträuße niedergelgt.

Aber jetzt, im Sommer 1991, will niemand mehr etwas wissen von den sechsundzwanzig Kommissaren, die ja ohnehin in der Mehrheit Armenier gewesen seien. Wie konnte es übrigens geschehen, so wird perfide gefragt, daß

Über dem Kreml von Kazan durchbohrt
das Kreuz der Orthodoxie den islamischen Halbmond.

Karte zu Kapitel:
Das Große Erwachen.

dpolarmeer

Neusibirische In.

Ostsibirische See

Laptewsee

Nwernaja Semlia

Taimyr der
nen u. Nenzen

AK der Tschuktschen

Anadyr

Beringmeer

AK der Korjaken

Palana

Kamtschatka-H.-I.

Jakutische A.R.

⑳

Lena

Aldan

Indigirka

Kolyma

AK der

Tura

Jakutsk ○

Ewenken

L   D

Ochotskisches Meer

Angara

Sachalin

jarsk

Baikalsee

Amur

Jüdisches AG   □ Chabarowsk

Lena

Ust
Ordinski
Irkutsk ○

⑲

Ulan-Ude

Burjatischer AK Aginskoje

Amur

Wladiwostok □

Japanisches Meer

JAPAN

Burjatischer AK
Ust-Ordynski

VR CHINA

MONGOLEI

*Im Januar 1990 wurden vorübergehend
sämtliche Grenzhindernisse am Arax-Fluß beseitigt.*

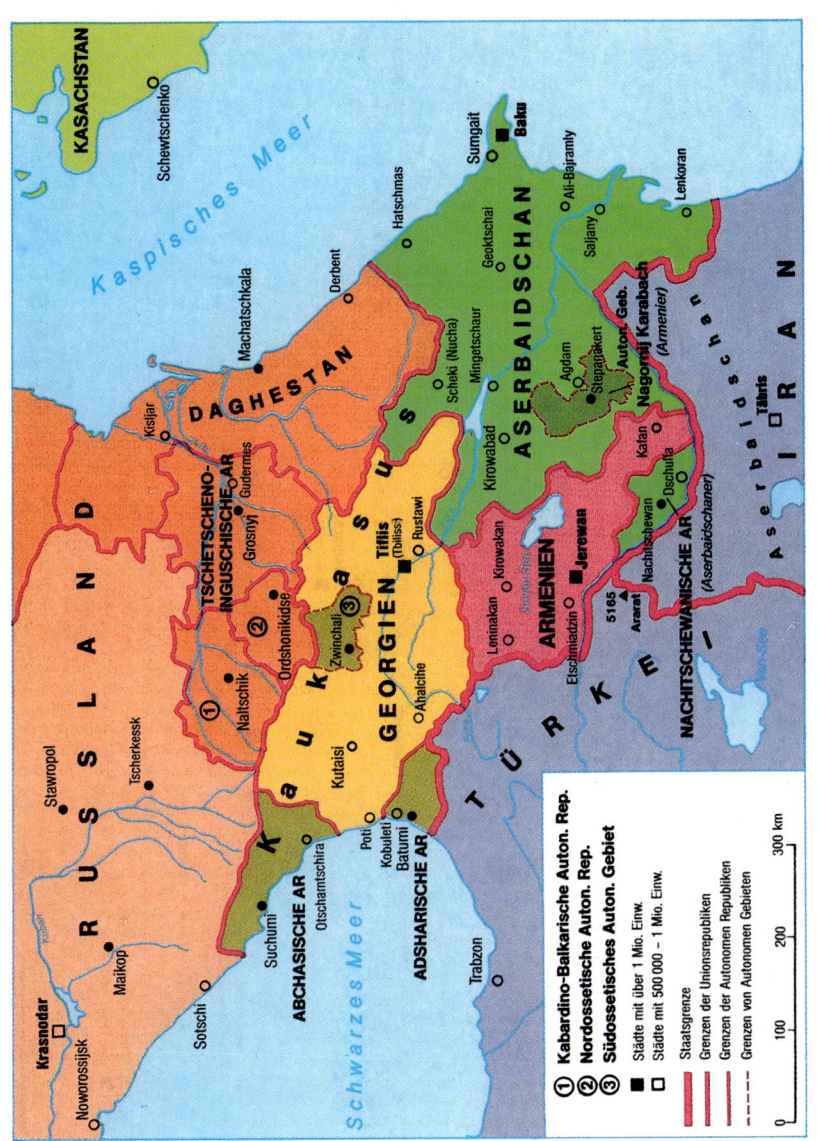

Karte zu Kapitel:
Aserbeidschan – Bürgerkrieg im Kaukasus.

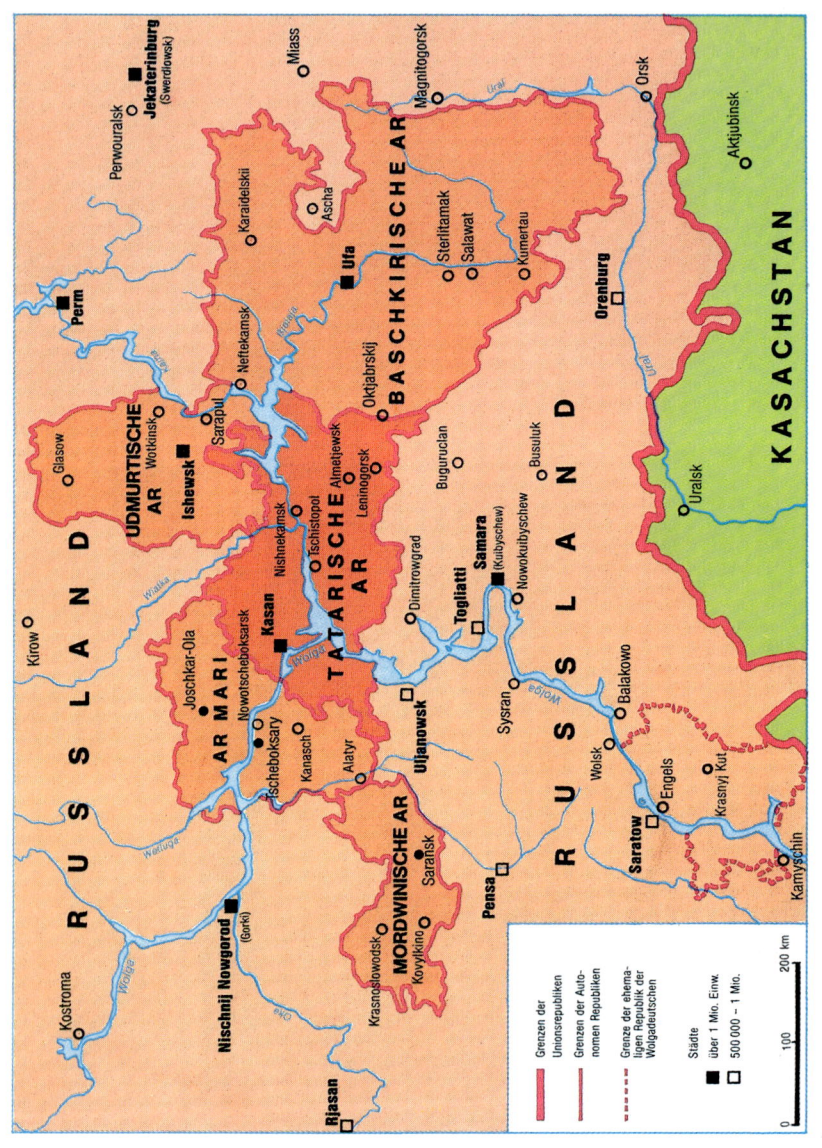

Karte zu Kapitel:
Zwischen Wolga und Ural – Aufbegehren der Tataren.

Blick auf die Grenze
zwischen Afghanistan und Tadschikistan.

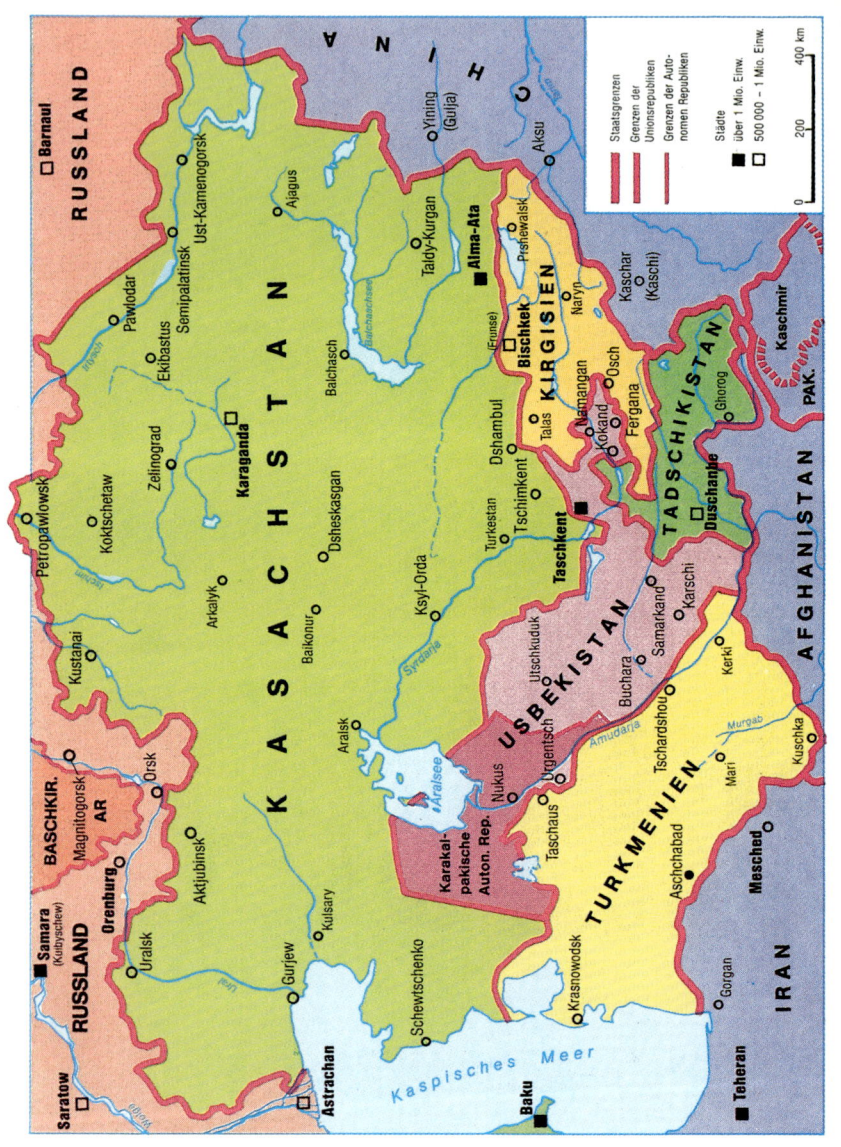

Karte zu Kapitel:
Zentralasien – Die Ruhe vor dem Sturm.

der Armenier Anastas Mikoyan, einstiger Gefolgsmann Stalins und vorübergehend sogar Staatsoberhaupt der Sowjetunion, der ja auch zu diesen »Helden« der Arbeiterklasse gezählt habe, der Erschießung durch die bourgeoise Reaktion entgangen sei?

In meiner Theaterloge – während der Tagung der »Volksfront« – mache ich auch die Bekanntschaft eines Gastdelegierten aus Lettland, der in Baku offenbar Verbündete für den Freiheitskampf in seiner baltischen Heimat sucht. »Bei uns in Lettland gibt es drei Strömungen unter den Patrioten«, sagt er, »die einen tendieren nach Skandinavien, die zweite Richtung sucht Unterstützung bei den Vereinigten Staaten, die dritte hingegen, der ich selbst angehöre, möchte sich eng an Deutschland anschließen.«

Zuletzt kommt auch Tamerlan Karajew, stellvertretender Vorsitzender der Madschlis, des Parlaments der Sozialistischen Sowjetrepublik Aserbeidschan, und prominenter Sprecher der »Volksfront«, zu einem Fernsehinterview. Trotz der erdrückenden Hitze im Saal hat er die dunkelblaue Jacke und den dezenten Schlips nicht ausgezogen. Karajew besitzt eine gewisse Ähnlichkeit mit Omar Sharif. Es ist schon erstaunlich, daß dieser dezidierte »Volksfront«-Führer und Verfechter der totalen Loslösung von Moskau im Obersten Sowjet von Baku, wie dieses Parlament noch unlängst hieß, eine solche Schlüsselstellung bekleiden kann. Ich hatte mich vorher schon ausführlich mit Karajew in seinem geräumigen Parlamentsbüro unterhalten.

Mit großer Offenheit hat er mir das Dilemma der aserbeidschanischen Nationalisten erklärt. Natürlich könne kein Azeri die blutige Repression der patriotischen Erhebung durch die sowjetischen Streitkräfte am 20. Januar 1990 vergessen und verzeihen. Aber Moskau sei in der Lage, die Republik von Baku mit der Schicksalsfrage von Nagorny-Karabagh zu erpressen. Wenn der Emanzipationswille gegenüber der Zentralmacht in Baku zu stark und offenkundig werde, dann sei es für die Kremlherren ein leichtes, mit dem Anschluß der umstrittenen Enklave

Karabagh an Armenien zu drohen und die Azeri in dieser Zwangslage unter Druck zu setzen. Mit dem kommunistischen Präsidenten Ajas Mutalibow verfüge die Sowjetunion über einen scheinbar zuverlässigen, flexiblen Mann. Man könne sich – da doch der Ausnahmezustand ein normales politisches Leben und die Entfaltung der Oppositionsparteien verhindere – darauf verlassen, daß Mutalibow bei den für Herbst 1991 anberaumten Wahlen in seinem hohen Amt bestätigt wird, es sei denn, es komme zu einer radikalen Wende in Moskau.

Der »Volksfront«-Politiker gibt sich als glühender aserbeidschanischer Nationalist zu erkennen. Doch mit dem Islam, und erst recht mit der Khomeini-Revolution, hat er nichts im Sinn. Das iranische Beispiel, mit seiner schrecklichen Intoleranz, seiner blutigen Repression gegen Andersdenkende, vor allem mit der Beschränkung der Frauenrechte und der Verhängung des Tschador-Zwanges, übe keine große Anziehungskraft auf die Schiiten der Sowjetunion aus. Es habe sie vielmehr gründlich abgeschreckt.

Im übrigen strebe man in Baku eine Vereinigung mit der iranischen Provinz Aserbeidschan und deren Hauptstadt

Das Denkmal für die sechsundzwanzig kommunistischen Kommissare.

Linke Seite: Gläubige in der Tasapir-Moschee in Baku im Gebet mit dem Scheikh ul Islam.

99

Täbris an, wo weit mehr türkische und schiitische Azeri lebten als in der sowjetischen Kaukasusrepublik gleichen Namens. Die Hypothese eines staatlichen Zusammenschlusses aller Aserbeidschaner erfülle die regierenden persischen Mullahs von Teheran mit bösen Ahnungen, und deshalb halte sich die Einflußnahme des Präsidenten Rafsandschani nördlich des Grenzflusses Arax in vorsichtigen Grenzen. Mit der Türkei hingegen, wohin Karajew häufig reist – es besteht ja schon eine direkte Fluglinie Baku–Istanbul –, wolle man eng ins Gespräch kommen, Joint-ventures ins Leben rufen, den Handel forcieren, und man bedauere es sehr auf seiten der »Volksfront«, daß der Zuschlag für die neuen Off-Shore-Bohrungen nach Erdöl im Kaspischen Meer wegen des größeren technischen Know-hows der Vereinigten Staaten an die Amerikaner und nicht an die türkischen Brüder gegangen sei.

Als ich dennoch insistiere mit meiner Frage nach einer Wiederbelebung des politischen Islam, für die ja der Bau neuer Moscheen in jedem aserbeidschanischen Dorf ein deutlicher Hinweis sei, versteigt sich der Vizepräsident der Madschlis von Baku zu der Warnung: »Wer dem Islam den kleinen Finger reicht, den verschlingt er ganz und gar.«

Ich weiß nicht, wie viele Islam- und Kaukasus-Experten in Moskau, falls man im Kreml überhaupt auf sie hört, die Sowjetrepublik Aserbeidschan allen Ernstes als zuverlässigen Partner jenes neuen konföderativen Systems einschätzen, das Michail Gorbatschow mit seinem All-Unions-Vertrag einführen wollte. Das Argument der wirtschaftlichen Interdependenz, die in siebzig Jahren Sowjetmacht systematisch zwischen den unterschiedlichsten Landesteilen entwickelt, ja, forciert worden ist, gilt nur begrenzt für Aserbeidschan, das notfalls aus eigenen Mitteln leben und über die Runden kommen könnte. Darüber hinaus sollten sich die Planer der sowjetischen Zukunft vor Augen halten, daß in keinem Teil der »Dritten Welt« die ökonomischen Vernunftargumente den Ausschlag geben, wenn die jungen Nationen nach voller Souveränität streben und die verhaßte Bevormundung durch die Fremden verwerfen. Die »Ratio oeconomica« ist fast allerorts der

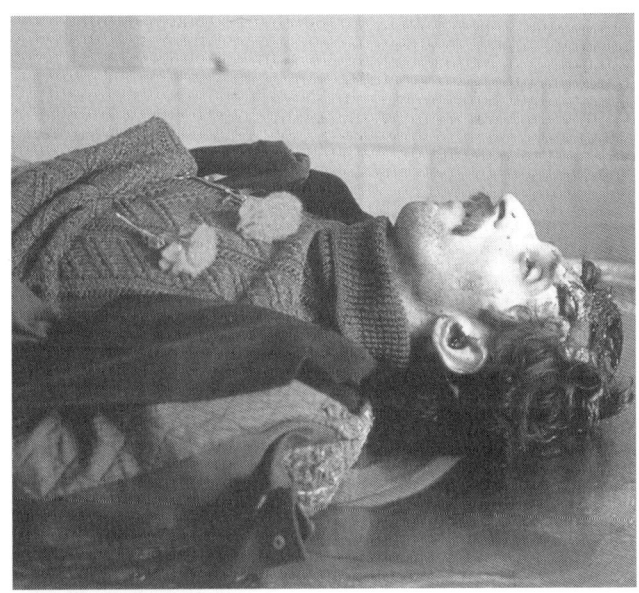

*Aserbeidscha-
nischer »Mär-
tyrer« und die
Gräberallee der
Gefallenen.*

nationalistischen Demagogie zum Opfer gefallen, auch wenn Elend und Rückschritt dafür in Kauf genommen werden mußten.

Die politischen Ungereimtheiten und Widersprüche Bakus werden geradezu symbolisiert durch jenen großartigen Heldenfriedhof, der nach dem Massaker des 20. Januar 1990 im Blickfeld des kommunistischen Parteigebäudes, des Parlaments und des leeren Denkmalsockels des von seinem Podest gestürzten Revolutionärs Kirow angelegt wurde. Hier errichtete man – ausschließlich von Spenden der Bevölkerung finanziert – eine riesige Gedenkstätte aus Marmor, die Allee der Blutzeugen, und umgab sie mit einem schönen Terrassenpark. Auf aserbeidschanisch heißt der Märtyrer »Shahid«. Dieser allumfassende islamische Begriff für die glorreichen Toten des »Heiligen Krieges« findet sich hier wieder. Oberhalb der weißen Marmorplatten ist die schwarze Gräberfront mit den Bildern der Toten geschmückt, die unter den Schüssen der russischen Interventionstruppen fielen, darunter Kinder und Frauen.

Repräsentatives Gebäude in Baku aus der Stalinzeit, von deutschen Kriegsgefangenen erbaut.

Die Besucherkolonnen reißen an dieser Weihestätte nicht ab. Da kommen morgens die Schulklassen in ihren braven, marineblauen Uniformen mit dem weißen Kragen. Am Nachmittag ziehen die Brautpaare vorbei und legen auf jedem Grab rote Nelken nieder. Die »Schuhada« des 20. Januar 1991 haben die sechsundzwanzig Kommissare, diese legendären Figuren der bolschewistischen Revolution, in den Orkus verdrängt. Auch das Führungskomitee der »Volksfront« hat sich am Tag der Eröffnung ihres Kongresses feierlich an das Mahnmal begeben und der aserbeidschanischen Helden der Unabhängigkeit pathetisch gedacht. Zwei alte Männer stehen von morgens bis abends am Ende der langen Totengalerie. Sie haben ein abgenutztes Gebetbuch in der Hand. Mit meckernder Stimme rezitieren sie ununterbrochen die wenigen Verse des Korans, die ihnen über ein halbes Jahrhundert Gottlosigkeit hinweg im Gedächtnis haftengeblieben sind: »Und sagt nicht von denen, die für Allahs Sache erschlagen wurden, sie seien tot. Nein, sie sind lebendig. Nur begreift ihr es nicht« (Sure 2).

Lange und unermüdlich habe ich nach einer angeblich fundamentalistischen und extremistischen Bewegung geforscht, die mir von Experten vor meiner Abreise nach Baku genannt worden war und den türkischen Namen »Birlik«-Einheit tragen sollte. Schließlich finde ich einen Kontakt. Ein Treffen wird arrangiert. Aber statt in ein Versteck von Verschwörern werde ich zum protzigen zentralen Druckhaus der kommunistischen Parteipublikationen geführt, einem modernen Gebäude, wo die Organisation »Birlik« ganz offen ausgeschildert ist. Der Verantwortliche, der den Namen Isajew trägt und im Hauptberuf Leiter einer großen Obstkooperative ist, empfängt mich in einem für sowjetische Verhältnisse luxuriösen Büro mit Personalcomputer, Faxgerät, Telex und mehreren Telefonen. Der Chef der vermutlichen Konspirationszelle »Birlik« – unter dem gleichen türkischen Namen sind in Usbekistan radikale Nationalisten mit den sowjetischen Sicherheitskräften blutig aneinandergeraten – ist ein elegant gekleideter Akademiker mit sicherem Auftreten. Er könnte ein Oberst im türkischen Generalstab sein, so präzise äußert er sich, und so direkt sieht er seinem Besucher ins Gesicht.

Der »Birlik«-Vorsitzende reduziert zunächst meine Erwartungen, indem er seine Bewegung als eine relativ unpolitische Gesellschaft herunterstuft, der es vor allem um die Herstellung friedlicher und harmonischer Beziehungen zwischen den Azeri und den anderen Völkern der Sowjetunion gehe. Zu diesem Zweck sei er unlängst nach Zentralasien gereist, wo zahlreiche seiner Landsleute in einer teilweise feindseligen Umgebung als Fremde lebten. Schon kommt mir der Verdacht, ich hätte es mit einem besonders gescheiten Agenten des KGB zu tun und »Birlik« sei lediglich eine geschickte Tarnung. Aber Isajew legt mir in diesem klimatisierten, fast luxuriösen Büro die Situation Aserbeidschans mit schonungsloser und entwaffnender Offenheit dar. Da wird kein Blatt vor den Mund genommen, als ich die Einzelheiten der Tragödie des 20. Januar 1990 erfahren will.

Bei »Birlik« wird auch eindeutig zugegeben, daß der islamische Fundamentalismus bislang über geringen Einfluß verfüge, gemessen an dem Massenzulauf, den die diversen Fraktionen der »Volksfront« verzeichnen können. Von den Moskauer Behörden würde der koranische Extremismus jedoch gern und bereitwillig aufgebauscht, um die Sezessionsbestrebungen Aserbeidschans weltweit zu diskreditieren. Doch das sei ein gefährliches Spiel, meint Isajew. Der radikale Islamismus, die schwärmerische Rückbesinnung auf den Koran seien schwer zu ergründen und noch schwerer zu bändigen, falls sie einmal in Bewegung gerieten.

Im übrigen befänden wir uns hier im Bereich des schiitischen Glaubens, und die Praxis der »Taqiya« – endlich fällt das magische Schlüsselwort –, die Praxis der systematischen Verstellung und Verheimlichung, sei hier in siebzig Jahren atheistischer Bolschewikenherrschaft zu großer Virtuosität gereift. Ich solle mich auch vor den überwiegend kleinbürgerlichen Theoretikern der »Volksfront« und ihren naiven Demokratisierungsträumen nach westeuropäischem Vorbild in acht nehmen. Sie seien nicht repräsentativ für die Volksmassen, wüßten oft gar nicht, welch mystische Stimmung in gewissen Landesteilen bereits aufgebrochen sei. Die liberalen Intellektuellen seien in Baku ebensowenig wie in Moskau befähigt, das Volk zu begreifen, geschweige denn, es konsequent zu führen. Aserbeidschan liege im Orient und nicht in Europa.

Beim Abschied gestehe ich dem »Birlik«-Sprecher, daß ich über die Unverblümtheit seiner Aussagen erfreut, aber auch erstaunt sei. Ob er nicht befürchte, daß seine Freimütigkeit falsch verstanden werde und ihm schaden könne. »Wenn Sie das wiedergeben, was ich ihnen gesagt habe, kann mir nichts passieren«, erwidert Isajew mit entwaffnendem Lächeln. »Wenn Sie etwas Kompromittierendes hinzuerfinden, werde ich mich in die bewährte Übung der ›Taqiya‹ flüchten.«

*

Zurück in das Krisengebiet Nagorny-Karabagh. Dort bleiben mir zwei russische Offiziere in Erinnerung, die, auf sich selbst gestellt, im Rayon Schuscha für die Wahrung eines Minimums an Ordnung zu sorgen hatten. Sie standen ziemlich ratlos zwischen den sich bekämpfenden aserbeidschanischen und armenischen Milizen. Bei meinem Aufenthalt im Mai 1991 war ich mit einem Hubschrauber, auf den man die Buchstaben »Aeroflot« gepinselt hatte, in diesen Gebirgsflecken transportiert worden. Auf den nahen Hängen des Bioyuk Kurs, 2700 Meter hoch, lag noch Schnee. Als Eskorte hatten uns die aserbeidschanischen Behörden von Agdam zwei abenteuerlich uniformierte Leibwächter mitgegeben, Männer mittleren Alters, deren Bartstoppeln schon grau schimmerten. Sie trugen die Tarnjacken der sowjetischen Kampftruppen und jenes blaugestreifte Marinetrikot, das ursprünglich den Elite-Einheiten »Spetsnaz« vorbehalten war. Die sich kriegerisch gebärdenden Begleiter blickten resolut, die Kalaschnikow in der Hand, auf die armenischen Dörfer unter sich und spielten Vietnam oder Afghanistan. Eine ebenfalls scheckig uniformierte Frau tat sich als Partisanin wichtig.

Am späten Nachmittag sind wir zu Oberstleutnant Sokolow gerufen worden, der hoch über der Mulde von Schuscha mit seinem MVD-Regiment des Innenministeriums und einer Anzahl Panzerspähwagen sein Quartier im »Sanatorium« errichtet hat. Das »Sanatorium« ist auf schauerliche Weise heruntergekommen. Im Umkreis kampieren überwiegend asiatische Soldaten mit ausgeprägten Mongolengesichtern, Usbeken und Turkmenen, während die Offiziere russischer Abstammung sind. Der Oberstleutnant haust in einem kärglichen Raum, wo sich seine Funkgeräte und eine Pritsche befinden. Er lädt uns zu einem Glas örtlichen Rotweins ein, und das Gespräch beginnt in aller Unbefangenheit. Sokolow ist ein dunkelhaariger, gutaussehender Mann. Seine Familie lebt in Ufa. Er trägt die erdbraune Uniform der MVD-Einheiten und erklärt mir, daß in dieser Truppe des Innenministeriums, ähnlich wie bei den regulären Armeestreitkräften, überwiegend Wehrpflichtige dienten.

Ich frage, ob er bereit sei, mir ein Briefing, einen kurzen Lagevortrag, zu halten. Zu meiner Überraschung geht er ohne Zögern auf die Landkarte zu und erklärt mir die verworrene Lage in seinem Rayon. In diesem Abschnitt haben die Azeri die meisten armenischen Bauern bereits verdrängt. Der Offizier zeigt mir drei armenische Dörfer, deren Bewohner, von allen Seiten umzingelt, unter größtem Risiko lebten und deshalb mit Hubschraubern in die nahe Republik Armenien abtransportiert werden müßten. Das sei keine leichte Aufgabe, denn die Armenier würden den russischen Soldaten stets unterstellen, daß sie mit den Azeri unter einer Decke steckten. Wir stellen Betrachtungen darüber an, wie sehr sich die Umstände seit dem zaristischen Reich gewandelt hätten, als die christlichen Armenier gegen die muslimischen Türken, ob sie »Osmanen« oder »Azeri« hießen, stets eine zuverlässige Vorhut auf seiten des Heiligen Rußland gebildet und dafür im Ersten Weltkrieg eine grausige Quittung erhalten hatten.

Der Oberstleutnant macht sich keine Illusionen über

das Verhältnis der meisten Aserbeidschaner zur Sowjetunion. Eine Volksabstimmung über die weitere Zugehörigkeit Aserbeidschans zur großen sowjetischen Gemeinschaft habe zwar im März 1991 eine offiziell positive Aussage erbracht. Aber diese Befragung habe unter extrem geringer Wahlbeteiligung, unter den Zwangsmaßnahmen des Ausnahmezustandes stattgefunden, und die Manipulation sei für jedermann evident gewesen.

Was den Oberstleutnant am meisten erbittert, ist die Unschlüssigkeit des eigenen Oberkommandos, das Fehlen jeglicher Direktiven aus Moskau, wofür er vor allem die Widersprüche der Perestroika verantwortlich macht. Er müsse in dieser verlorenen Gegend des Kaukasus auf eigene Faust handeln, weil die Verantwortlichen der Union entweder unfähig oder gar zu feige seien, eine klare Position zwischen Baku und Eriwan zu beziehen. Möglicherweise betrachte man im Kreml dieses Lavieren als geschicktes Austarieren und verspreche sich davon die Beibehaltung des Status quo durch zynisches Pendeln zwischen den verfeindeten Völkerschaften. »Wir haben ein russisches Sprichwort«, meint Sokolow achselzuckend,

Der Schatten des Krieges über dem Alltag von Nagorny-Karabagh.

»und das besagt: Wer gleichzeitig zwei Hasen erlegen will, verfehlt sie beide.« Er ist im sibirischen Bratsk nördlich von Irkutsk geboren worden, wie er nebenbei erwähnt, wo seine Familie von Stalin in ein Zwangsarbeitslager verschickt worden sei.

Plötzlich erinnert mich dieser einsame russische Oberstleutnant inmitten seiner asiatischen Truppe an jene französischen Offiziere in den Schluchten des Aures-Gebirges oder der Kabylei, die während des Algerienkrieges ebenso verzweifelt auf eine klare politische Zielgebung aus Paris warteten, sich in ihren Trotz verrannten, um die »Algérie française« zu retten, und am Ende als Betrogene dastanden. Der Zorn der »Zenturionen«, der die Algerienarmee Frankreichs einst zum Putsch gegen die Vierte Republik und deren unschlüssige Kabinettspolitik getrieben hatte, schwelt wohl auch im russischen Offizierskorps. Nur ist in Moskau kein General de Gaulle in Sicht. Bei mir stellt sich ein merkwürdiges, fast nostalgisches Gefühl der Solidarität ein. Ich denke über die seltsamen Wege europäischer Schicksalsverbundenheit nach, während ich an den behelmten usbekischen Posten vorbei dem Gästehaus von Schuscha zustrebe.

Zwei Monate später, als ich im Juli 1991 nach Schuscha zurückkehrte, war der Schnee auf dem Bioyuk Kurs geschmolzen. Im »Sanatorium« kommandierte ein neuer Oberstleutnant mit dem typisch deutschen Namen Stock. Seine Verbundenheit zur deutschen Volksgruppe hatte der in Rostow am Don geborene Offizier weitgehend verloren. Trotzdem wirkte er immer noch wie ein rechter Germane mit seinem blonden Schnurrbart, den blauen Augen und dem straffen militärischen Auftreten.

Oberstleutnant Stock hat drei Jahre in Afghanistan gedient und dort eine Einheit von lokalen Regierungssoldaten geführt und beraten. Er ist von diesem Feldzug offenbar tief gezeichnet und kann den militärischen Rückschlag am Hindukusch nur schwer verwinden. »Ich benutze das Wort ›Afghanistankrieg‹ nicht«, sagt Stock trotzig. Er betrachte den dortigen Einsatz der Sowjetarmee immer noch als eine internationalistische Hilfsaktion. Im übrigen

bliebe er überzeugter Kommunist. Seine Hoffnungen in dieser Zeit politischer und wirtschaftlicher Zersetzung richten sich auf seine hohen Vorgesetzten. Unter anderem erwähnt er den Verteidigungsminister Jasow. Daß dieser Marschall beim Putsch gegen Gorbatschow eine eher kläg-liche Rolle spielen würde, ahnt damals noch niemand. Auch von General Gromow, dem letzten Befehlshaber in Afghanistan – in jenen Tagen Stellvertreter des sowjeti-schen Innenministers, des zwielichtigen Politbüromit-glieds Boris Pugo, der nach dem gescheiterten Staats-streich Selbstmord beging – hat Stock eine hohe Meinung.

Die kategorische Aussage Boris Gromows, die er beim Abzug aus Afghanistan auf der Grenzbrücke am Amu-Darja abgegeben hat – niemals mehr würden die sowjeti-schen Streitkräfte eine ähnliche Demütigung reaktionslos hinnehmen –, wird von Stock nachdrücklich bejaht. Der Oberstleutnant gehört wohl zu jener Gruppe von Militärs, die für ein Aufbegehren der Streitkräfte gegen die »Ver-zichtpolitik« Gorbatschows, so nannte man das ja in den Kasernen, bereitwillig zur Verfügung stehen. Beim Heim-weg und Passieren der Sperren stelle ich fest, daß das

Der armenische Patriarch oder Katholikos in seiner Kathedrale bei Eriwan.

109

*Armenische
Freiwillige der
»Daschnak«-
Organisation.*

MVD-Regiment sich dieses Mal fast ausschließlich aus Slawen, also Europäern, zusammensetzt und daß man die asiatischen Wehrpflichtigen offenbar in andere Garnisonen verlegt hat.

*

Schon immer hatte ich mir gewünscht, jenes obskure Territorium von Nachitschewan zu besuchen, das – am Grenzfluß Arax und im Schatten des Ararat-Berges gelegen – eine der absurdesten Grenzziehungen des kommunistischen Regimes darstellt. Die Autonome Sowjetrepublik Nachitschewan war durch Stalin der Sozialistischen Sowjetrepublik Aserbeidschan zugeschlagen worden. Sie ist von deren eigentlichem Staatsgebiet durch einen armenisch besiedelten Korridor getrennt, der seinerseits Bestandteil der Sowjetrepublik Armenien ist. Der Konflikt der Nationalitäten war hier ähnlich vorprogrammiert wie in der Enklave von Nagorny-Karabagh, die Josef Stalin – aus Rücksicht auf die türkische Republik Kemal Atatürks und die anfänglich herzlichen Beziehungen zwischen Ankara und Moskau – dem armenischen Zugriff entzogen

und der Republik Aserbeidschan einverleibt hatte. Im Süden berührt Nachitschewan, wie bereits erwähnt, die Grenze des Iran und der Türkei.

Wir waren mit einer kleinen Jak-Maschine in diesen Außenposten geflogen, nachdem wir einen breiten Bogen über dem Kaspischen Meer beschrieben und die bizarren Felshöhen des armenischen Korridors tief unter uns gelassen hatten. Beim Anflug erspähten wir den Fluß Arax, die Grenze der Islamischen Republik Iran. Der Arax hat sich hier zu einem langgezogenen Stausee verbreitert.

An dieser kritischen Südecke der Sowjetunion hatte ich mich auf erhebliche Behinderungen unserer Bewegungsfreiheit und Dreharbeiten gefaßt gemacht. Aber unser örtlicher Gastgeber, der den komplizierten Namen Gassanow Raschid Dschamschidoglu trug, öffnete uns alle Pforten. Seine Gastfreundschaft äußerte sich in unzähligen Banketts, bei denen immer wieder neben Joghurt und schlecht gereinigtem Salat alter Hammel in sämtlichen Variationen serviert wurde. Am Ende gestalteten sich diese Freundschaftsmahle zur echten Strapaze, zumal der Wodka in Strömen floß und jedes Glas von blumigen

Sowjetischer Wachturm an der Grenze zur Islamischen Republik Iran in Dschulfa.

orientalischen Trinksprüchen begleitet wurde. Besonders legten es die Azeri von Nachitschewan auf die Glorifizierung der wiedergefundenen deutschen Einheit an und knüpften daran den Wunsch auf baldige eigene Wiedervereinigung mit den getrennten Brüdern im nordwestlichen Iran.

Raschid, Vizepräsident des Parlaments der Autonomen Republik Nachitschewan, ein etwa vierzigjähriger dynamischer Apparatschik und früherer Staatsanwalt, der sich auf seine Ähnlichkeit mit Jean-Paul Belmondo, dem französischen Filmhelden und Herzensbrecher, einiges einbildete, war ein überaus angenehmer und unkonventioneller Weggefährte und verfügte bei seinen Landsleuten über eine schier unbegrenzte Autorität.

Nur wenn wir in die Nähe einer sowjetischen Grenzstellung gelangten, wo russisches Militär den Zusammenprall der verfeindeten Kaukasusvölker durch Betonblocks und Stacheldrahtsperren aufzufangen suchte oder die grünbemützten KGB-Truppen den Arax in Richtung Iran bewachten, erlosch plötzlich Raschids Einfluß, und es stellte sich gegenüber den Waffenträgern der Moskauer Zentrale, des »Imperiums«, wie die oppositionellen »Volksfront«-Politiker sagen, seltsame Hilflosigkeit ein, die nicht frei war von Ressentiments. Raschid hatte lange in Eriwan gelebt. Deshalb blieb er verschont von der in Aserbeidschan so verbreiteten Zwangsvorstellung, die »Armenier seien an allem schuld«. Er bemühte sich bei akuten Zwischenfällen um Kontakte mit der anderen Seite. Viel Erfolg war ihm nicht beschieden. Es gibt in diesem Raum zu viele unkontrollierte, fanatische Partisanengruppen, die den Bürgerkrieg am Kochen halten.

So lernte ich Nachitschewan kennen, eine kleine Exklave Aserbeidschans mit insgesamt 300 000 Einwohnern, die, abgesehen von ein paar Kurdendörfern, ausschließlich dem türkischen Azerivolk und der schiitischen Konfession zugeordnet ist. Die Kurden der Sowjetunion, das sei nur am Rande vermerkt, siedeln hauptsächlich in verstreuten Siedlungen der nordkaukasischen Region und sind hier weit weniger zahlreich als die Kurden Deutschlands, jene 400 000 Asylanten und Einwanderer, die sich in den alten Bundesländern etabliert haben. Die sowjetischen Kurden spalten sich zudem in eine Mehrheit von sunnitischen Muslimen und eine Minorität von Yeziden, sogenannte Teufelsanbeter, deren esoterisches Glaubensgut in der frühen christlichen Häresie des Manichäismus, teilweise auch in der uralten Zarathustra-Lehre wurzeln dürfte.

Dank Raschid fuhren wir bis an die nördliche Grenze mit Armenien, wo die Datschen der örtlichen Nomenklatura wegen der allgemeinen Unsicherheit verlassen und verwaist auf herrliche Gebirgsseen herunterblicken. Nur selten begegneten uns kleine Trupps aserbeidschanischer Freischärler, bewaffnet mit der unvermeidlichen Kalaschnikow. Der eigentliche Übergang nach Armenien in dieser menschenleeren Wildnis ist durch eine tiefe Furche und einen eher symbolischen Drahtzaun markiert. Schroffe Felsen versperren den Horizont.

Auf dem Weg nach Osten, längs der Straße nach Scharour, dem Heimatort Raschids – er hatte unlängst noch zu Ehren Lenins »Uljanowsk« geheißen –, hielten wir an, um

zwei zerfallene Moscheetürme aus der Seldschukenzeit zu besichtigen. Sie ragten wie bunte, kachelgeschmückte Schornsteine in die vor Hitze flimmernde Luft. Diese Monumente islamischer Kunst und die benachbarte Koranschule wurden eifrig restauriert, wie wir überhaupt feststellen konnten, daß in jedem Dorf Nachitschewans neue schiitische Gebetshäuser errichtet wurden. Für diese frommen Zwecke standen wohl Spenden in beliebiger Höhe zur Verfügung. Der koranische Wissensstand der Religionsdiener war allerdings kläglich. So konnte mir ein Dorfmullah, der die Abbildung des Heiligtums von Meshed im Iran verehrte, keine Auskunft über die Bedeutung des achten Imam Reza, der dort bestattet liegt, geben.

Fast an jeder größeren Straßenkreuzung begegneten wir den abscheulichen, silbern bepinselten Statuen Wladimir Iljitsch Lenins. Seine Büste beherrschte auch wie ein »Klotz«, den man, um mit Aristophanes zu sprechen, den »Fröschen gesetzt hätte«, den zentralen Paradeplatz von Nachitschewan. Eine andere Bildsäule zog unsere Aufmerksamkeit auf sich, und wir wurden aufgefordert, sie

ausgiebig zu filmen. Es handelte sich um den kommunistischen Feudalherrscher über Aserbeidschan, Geidar Alijew, der in Baku eine ähnliche Karriere durchlaufen hatte
wie der ganz anders veranlagte Edward Schewardnadse in
Tiflis. Parallel zu seinem georgischen Parteigenossen war
Alijew Chef des KGB in seiner Heimatrepublik gewesen,
dann Erster Parteisekretär, ehe er – eine ziemlich ungewöhnliche Gunst für einen Kaukasier – in das Moskauer
Politbüro berufen wurde. Während sich jedoch Geidar
Alijew als getreuer Gefolgsmann, manche sagen als böser
Geist, des »Groß-Khans« Leonid Breschnew behauptet
hatte, bereitete Schewardnadse seine Annäherung an den
relativ liberalen Flügel der potentiellen Reformpolitiker
vor. Michail Gorbatschow hatte den Breschnew-Anhän-
ger und »Stagnations«-Apparatschik Geidar Alijew in die
Wüste, das heißt in seine Ursprungsregion nach Nachitschewan, geschickt. Sein Einfluß als Deputierter des
Obersten Sowjet war in Moskau begrenzt, aber am Ufer
des Arax war er wohl zur Zeit unseres Aufenthalts noch
die unbestrittene Führungspersönlichkeit und herrschte
wie ein »roter Pate« über diese Autonome Republik.

*Verfallene Moscheen wer-
den in Aser-
beidschan
restauriert.*

115

Grenzgebiet zwischen Armenien und Nachitschewan.

Wir bedauerten, daß wir ihn aufgrund seiner Abwesenheit in der Unionshauptstadt nicht sprechen konnten. Zwei Tage nach unserer Abreise aus Aserbeidschan erfuhren wir, daß Geidar Alijew, der einst seinen Gönner Breschnew anläßlich eines Blitzbesuches in Baku mit einem im Rekordtempo erbauten prunkvollen Palast hatte beeindrucken wollen, aus der Kommunistischen Partei formell ausgetreten war, vielleicht um einem Ausschlußverfahren zuvorzukommen. Raschid hatte auf diesen mächtigen, zwielichtigen Mann nichts kommen lassen. Nach dem Moskauer Putsch hat sich Alijew von dem aserbeidschanischen Parteichef Mutalibow auf spektakuläre Weise distanziert und dessen Wahl zum Präsidenten boykottiert.

In Nachitschewan war mir in der Nähe unseres Hotels »Täbris« – es trug den Namen der iranischen Provinzhauptstadt Aserbeidschans – der Parallelmarkt der Iraner aufgefallen. Im kleinen Grenzverkehr zwischen Sowjetisch- und Iranisch-Aserbeidschan wurden zweimal pro Woche je hundert iranische und hundert sowjetische Azeri zum Verwandtenbesuch und zum Schwarzhandel über die

Grenze gelassen, ein beachtliches Zugeständnis in dieser Region. Raschid war jedoch viel stärker interessiert an einer engen wirtschaftlichen und kulturellen Verbindung zur Türkei. Der Ausbau einer breiten Transitstraße und einer neuen Brücke, die den Übergang am schmalen gemeinsamen Grenzstreifen mit Anatolien erleichtern sollte, lag ihm am Herzen. In den Straßen von Nachitschewan fielen die persischen Frauen durch das Tragen des schwarzen Tschador auf. Die Einheimischen legten allenfalls ein Kopftuch an und wirkten neben ihren iranischen Schwestern sehr emanzipiert.

Wir hielten uns zu Beginn des Trauermonats Muharram in der modernen, recht unansehnlichen Stadt Nachitschewan auf, deren Trostlosigkeit lediglich durch breite Baumalleen gemildert wurde. Unsere lokalen Begleiter blickten geflissentlich an einer imposanten armenischen Kirche vorbei, die Spuren von Einschüssen trug und die man auch hier als Kultstätte einer mysteriösen christlichen Volksgruppe sogenannter Albaner bezeichnete. »Albaner« wie Armenier waren jedenfalls aus diesem Territorium verschwunden, dessen Name »Nachitschewan« auf Noah und seine Arche zurückgeführt wird.

Am frühen Morgen waren wir nach Dschulfa aufgebrochen. Wir fuhren in brütender Hitze. Im Winter fällt das Thermometer hingegen auf minus vierzig Grad, und die Weinstauden müssen durch Erdaufschüttung vor der grimmigen Kälte geschützt werden. In Dschulfa vollzieht sich der offizielle Grenzverkehr zum Iran der revolutionären Mullahs. Die grünen Mützen der KGB-Grenztruppen hielten uns auf Distanz, aber wir sahen deutlich den Fluß Arax, an dessen Ufer sich im Januar 1990 hochdramatische Szenen abgespielt hatten. Trotz massiver Präsenz der KGB-Einheiten und der sowjetischen Armee hatte damals eine nationalistisch und religiös motivierte Menschenmenge die Grenzzäune niedergerissen. Die Demonstranten hatten die Ufer des Arax – bislang eine mit Maschinengewehren bestückte Grenz- und Todeszone – in Besitz genommen.

Mit Schlauchbooten hatten sie über das eisige Wasser

Gebetsritual bei der Eröffnung des schiitischen Trauermonats »Muharram« in der Freitags- moschee von Nachitschewan.

auf die iranische Seite übergesetzt und mit ihren Landsleu- ten von drüben fraternisiert. Während das sowjetische Militäraufgebot völlig passiv beiseite stand, war es zu fana- tischen islamischen Ausbrüchen gekommen. Auf beiden Ufern des Arax wurden Bilder Khomeinis hochgehalten, und der Ruf »Allahu akbar – Allah ist größer« (in der wörtlichen Übersetzung) hallte über die verschneite Land- schaft. In jenen stürmischen Tagen soll es im Sowjet der Autonomen Republik Nachitschewan sogar zu einer Re- solution gekommen sein, die kurzerhand den Anschluß an die benachbarte und verwandte Türkei forderte.

Raschid wollte sich zu den damaligen Ereignissen nicht äußern, aber andere aserbeidschanische Gesprächspart- ner machten aus ihrer Entrüstung keinen Hehl. »Wie kön- nen Sie denn erklären, daß die schwerbewaffnete und schärfste Elitetruppe der Sowjetmacht, die Grenzsoldaten des KGB, untätig zuschauten, ja, in ihre Quartiere abrück- ten, als hier die riskanteste Grenze der Union aufgerissen wurde? Das war doch ganz offensichtlich auf Provokation angelegt. Man wollte die heimlichen Opponenten aus ih- ren Verstecken locken.« Indem man von höchster Stelle eine islamisch-fundamentalistische Demonstration zuließ, sie vielleicht anstiftete, wollte man wieder einmal, wie zum gleichen Zeitpunkt in Baku, bei den westlichen Ausländern, vor allem bei den Amerikanern, den Eindruck erwecken, die schiitische Revolution Khomeinis greife auf den Kaukasus über. Als der nationale Widerstand von Baku im Blut erstickt war, sind auch am Arax sehr schnell wieder die Grenztürme errichtet und die Stacheldrahtverhaue neu gezogen worden, obwohl die Handhabung dieser Absperrung heute großzügiger und kulanter ist als früher.

Wie gesagt, der »Muharram« hatte begonnen, und in den Moscheen gedachten die frommen Schiiten des Martyriums des heiligen Imams Hussein in der mesopotamischen Stadt Kerbela. Als ich in Nachitschewan war, standen wir noch in der ersten Phase dieser schmerzlichen Gedenkfeiern. Die Freitagsmoschee war nicht sonderlich imposant. Die versammelte Gemeinde setzte sich überwiegend aus alten Männern zusammen. Aus dem benachbarten Iran war ein bärtiger Mullah mit weißem Turban gekommen, um die Gebete und Klagen anzuleiten. Ich hatte wieder einmal das Foto vorgezeigt, das mich an der Seite des Ayatollah Khomeini zeigte.

Ich sei ein glücklicher Mensch, daß mir diese Begegnung zuteil geworden sei, so werde ich vor allen Anwesenden beglückwünscht. Der greise Imam und auch die übrigen Gläubigen umarmen mich. Mit würdevoller Geste wird mir ein Koranexemplar überreicht, das in Kazan gedruckt worden ist. Die Klagelitanei um Hussein beginnt, und mir wird eine ganz ungewöhnliche Ehre zuteil. Der persische Mullah fordert mich auf, an seiner Seite gleich neben der Kanzel, neben dem »Minbar«, niederzukauern und an der Trauer um Hussein teilzunehmen, obwohl ich mich in aller Deutlichkeit als christlicher Nicht-Moslem zu erkennen gegeben habe. So verbringe ich mit zunehmend schmerzenden Gliedern eine geschlagene Stunde zwischen den Betenden.

Es fängt mit einem angedeuteten Geißelungsritual an, wobei wir uns unter Anrufung Alis und Husseins zunächst mit der flachen Hand auf die Schenkel schlagen. Ein sichtlich erregter Mann mittleren Alters richtet sich jetzt auf und beschleunigt den Rhythmus der Zeremonie. Der Einpeitscher scheint in Trance zu geraten, während er seine Trauerlitanei in die Versammlung brüllt und nun zu mächtigen Schlägen der flachen Hand auf die Herzgegend ausholt. Wir folgen, sehr verhalten, seinem Beispiel und klopfen im sanften Takt mit der rechten Hand an die eigene Brust.

Ich benutze eine Pause in dieser unwirklich anmutenden Gebetsrunde, um mich mit frommen Sprüchen zu verabschieden. Ein junger »Talib«, ein Anwärter auf die Funktion des Imam und Predigers, begleitet mich mit allen Anzeichen respektvoller islamischer »Hischma« zu einer Gedenkstätte nahe der Moschee, wo die Märtyrer, die aserbeidschanischen Mudschahidin, geehrt werden, die im Kampf für die eigene Nation und für den Islam gefallen sind.

Raschid, der einflußreiche Bevollmächtigte des kommunistischen Parteiapparates, hat die Muharram-Zeremonie als wohlwollender Zuschauer beobachtet. Es störte ihn nicht im geringsten, daß ich in dieses schiitische Ritual einbezogen wurde. Er schien das sogar zu begrüßen. Mich überkam eine seltsame Erinnerung. Ich dachte an jenen Flug von Teheran nach Paris am 1. Februar 1979, als Khomeini mich in die Abgeschiedenheit der oberen Jumbo-Kanzel heraufgebeten hatte, wo er sein Morgengebet verrichtete. Sein damaliger Vertrauter, Sadegh Tabatabai, vertraute mir bei dieser Gelegenheit eine gelbe Mappe an. Darin befand sich, so erfuhr ich viel später, der Verfassungsentwurf der Islamischen Republik Iran. Ich war ein paar Stunden lang der Wächter dieses Dokumentes gewesen.

Griff nun tatsächlich die islamische Revolution des Iran ganz allmählich und klammheimlich über den Arax hinweg auf die aserbeidschanische Sowjetexklave Nachitschewan und die Grenzregion Lenkoran über? Oder verrannte ich mich in eine vorgefaßte Idee? Gewiß, in der Mehrzahl waren es Greise – »Weiße Bärte«, wie man in Zentralasien sagt –, die sich hier zum »Muharram« versammelt hatten, um des Leidensmysteriums des Imams Hussein teilhaftig zu werden und die Märtyrer der »Partei Alis« zu beklagen, zu beweinen. Aber welche Kraft ging doch von diesen alten Männern aus, von ihrer Unerschütterlichkeit im Glauben. Während im kaukasischen Partisanenkrieg die Autorität des Kommunismus zusammenbrach, während die zahllosen Leninstatuen wie obsolete Zeugnisse eines bizarren Götzenkultes noch auf ihren Sockeln verharrten – in Erwartung ihres Sturzes –, breitete sich das alte religiöse Lebensgefühl sieghaft wieder aus. Der Mullah hat sich am Ende als stärker erwiesen als der Kommissar.

Zwischen Wolga und Ural

Aufbegehren der Tataren

Irgendwo unter den Birken des Friedhofs liegt ein Sohn Josef Stalins begraben. Er hatte als Ingenieur in Kazan gearbeitet und war als Alkoholiker an Leberzirrhose gestorben. Aber niemand nimmt Notiz von dieser Kuriosität. Die Menge strömt einer kleinen orthodoxen Kirche zu, die vor ein paar Monaten noch als Museum zu besichtigen war. Es ist Nachmittag. Die Gläubigen, überwiegend Frauen, kommen zum Gottesdienst, der von Popen in goldenen Gewändern mit eindrucksvollen Bärten und mächtigen Stimmen zelebriert wird. Aus der »Kirche des Schweigens« ist im Nu eine »Ecclesia triumphans« geworden. Vor allem ein junger Geistlicher mit langem, wallendem blonden Haar und strahlendblauen Augen sieht aus wie ein Erzengel.

Diese kleine Friedhofskirche von Kazan an der Mittleren Wolga übt eine mystische Anziehungskraft aus. Hier wird eine »schwarze Madonna« verehrt. Die Ikone ist klein und rundum mit Gold verkleidet. Das Antlitz der Mutter Gottes mit dem Jesuskind, hieratisch erstarrt, hat sich in Jahrhunderten unter dem Qualm unzähliger Kerzen so dunkel verfärbt, daß ihre Züge kaum zu erkennen sind. Im ganzen Heiligen Rußland ist dieses Gnadenbild unzählige Male reproduziert worden, wie das den Normen der byzantinisch geprägten Kunst entspricht.

Die Mutter Gottes von Kazan besitzt eine mächtige symbolische Bedeutung. Zu ihr betete, nach der Unterwerfung durch Mongolensturm und Islam, das leidende Rußland in tiefer Inbrunst um die Befreiung von diesem

Linke Seite: Der nationale Aufstand der Tataren findet unter der grünen Fahne des Propheten statt.

»Tatarenjoch«. Die Ikone wurde stets den Heerscharen vorangetragen, wenn die ostslawischen Fürsten sich gegen die mohammedanische Fremdherrschaft erhoben. Nachdem die Macht der Moskowiter sich unter den ersten Zaren endgültig stabilisiert hatte, erwählte Iwan der Schreckliche dieses Madonnenbild als wundertätiges Feldzeichen und stürmte gegen die Tatarenburg von Kazan mehrfach an, bis es im Jahre des Herrn 1552 endlich gelang, mit einer für jene Zeit sensationellen Pulvermenge die Kremlmauern des Wolga-Khanats zu sprengen, die Stadt zu erobern und diesem muslimischen Staatswesen ein Ende zu setzen.

Iwan IV., der Schreckliche, war es auch, der das gesamte Herrschaftssystem der asiatischen Völker längs der Wolga seinem moskowitischen Ausdehnungsdrang gefügig machte. Er eroberte Astrakhan, das andere große Khanat an der Mündung des Stroms ins Kaspische Meer, und mit der Besetzung der Festung Sibir jenseits des Ural, wo ebenfalls die grüne Fahne des Propheten wehte, wurde die demütigende Erniedrigung des russischen Volkes durch einen mächtigen Ausdehnungsdrang in Richtung

Das wundertätige Madonnenbild von Kazan.

auf die unendlichen Weiten Sibiriens und Zentralasiens ersetzt. Es bedurfte noch dreier Jahrhunderte, bis die siegreichen Zaren den islamischen Halbmond endgültig aus der heutigen Ukraine verdrängten, die Halbinsel Krim mitsamt dem dortigen, vom türkischen Sultan in Istanbul gestützten Tataren-Khanat an sich rissen und im Vorstoß gegen das Osmanische Imperium sowie das persische Safawidenreich tief in den Kaukasus und den Balkan eindrangen. Auf den Kuppeln des Kreml wie auf zahlreichen anderen Kirchtürmen künden heute noch, selbst nach siebzigjähriger gottloser Herrschaft der Kommunisten, die goldenen Kreuze, die den islamischen Halbmond durchbohren, von diesem Siegeszug der orthodoxen Christenheit.

Die dicht gedrängte Gemeinde in Kazan bekreuzigt sich pausenlos. Sie setzt sich überwiegend aus alten Frauen zusammen, deren zerfurchte Gesichter vom massiven Gold der Ikonostase und dem Flackern der Kerzen erhellt werden. Mit diesen »Babuschkas«, über die die Atheisten einst gespottet haben, ist ein bemerkenswerter Wandel vorgegangen. Sie fühlen sich als Siegerinnen und geben das zu verstehen, indem sie die jungen Mädchen, die mit offenem Haar oder in engen Hosen zum Heiligtum gekommen sind, tadelnd mustern und zu mehr Sittsamkeit auffordern. Diese Alten, die früher ihre Enkelkinder heimlich tauften und ihre Ikonen in irgendeiner Wohnecke versteckt hielten, haben ja recht behalten gegen die törichten Apparatschiks der Partei, auch gegen jene Kosmonauten, die Erzengel des Regimes, die mit der Meldung aus dem Weltall zurückgekehrt waren, sie hätten dort keine Spur von göttlicher Präsenz entdecken können.

In Kazan offenbart sich der Herr, und es ist, als würden die Gläubigen sich ununterbrochen die frohe Osterbotschaft zuraunen: »Kristos woskressej – Christus ist auferstanden, ja, er ist wahrhaft auferstanden!« Als Ausländer werden wir freundlich, aber auch etwas kritisch beobachtet, als wir die Kameralampen einschalten. Die Schwelle zur religiösen Intoleranz ist schon wieder nahe, wo doch eben noch die bleierne Unterdrückung des Atheismus auf den unentwegt Frommen lastete.

Kazan zählt 1,2 Millionen Einwohner. Sechzig Prozent davon sind offiziellen Angaben zufolge Russen, rund vierzig Prozent Tataren. Die Stadt am Zusammenfluß von Wolga und Kazanka ist der Regierungssitz der Autonomen Sowjetrepublik Tatarstan, die Bestandteil der Russischen Föderativen Republik ist, aber seit geraumer Zeit den Titel einer Souveränen Republik beansprucht und sich aus der russischen Bevormundung lösen möchte. Die Gesamtbevölkerung dieses Gebiets, 4,2 Millionen Menschen, ist zu achtundvierzig Prozent tatarisch. Dreiundvierzig Prozent werden der russischen Nationalität zugerechnet. Der Rest teilt sich unter zahllosen Minderheiten auf. Auch hier ist ein Blick auf die Landkarte notwendig, denn die Sezessionsbewegung findet dieses Mal nicht in einem peripheren Grenzgebiet statt, sondern im Herzen der euroasiatischen Landmasse Rußlands. Die Forderung nach Souveränität erscheint deshalb aus geographischen und auch aus demographischen Gründen als ziemlich absurd, wird jedoch, wie wir vor Ort feststellen konnten, von den Tataren mit äußerster Vehemenz vorgetragen. Diese Nachkommen der türkisch-mongolischen Eroberer, die sich zum islamischen Glauben bekennen, hatten sich schon im Mai 1991 mit massiven Demonstrationen gegen die Einbeziehung in das gesamtrussische Wahlsystem gewandt. Es kam zu Zusammenstößen mit der Miliz, und die berüchtigte Omon-Truppe mit dem schwarzen Barett knüppelte auch in Kazan auf die Menge ein.

*

Die Spannungen sind hier tief verwurzelt. Die verschiedenen Zaren – Iwan der Schreckliche an der Spitze – hatten versucht, diese renitenten Muselmanen zu zwangschristianisieren. Vier Jahrhunderte lang hat dieser Druck nicht nachgelassen. Die Gottlosenkampagne der Kommunisten hat diese Vergewaltigung auf die Spitze getrieben. Heute läßt sich nicht mehr ablesen, wie viele Tataren insgesamt

christianisiert und russifiziert wurden. Berühmte russische Adelsgeschlechter wie die Jussupows haben sich früh zum Kreuz bekehrt, und Iwan IV. umgab sich gern mit Bojaren tatarischen Ursprungs. Daneben gibt es noch die in sich abgeschlossenen, seltsamen Gemeinden der sogenannten gekreuzigten Tataren. Zu dieser Gruppe zählen knapp hunderttausend Gläubige, aber sie zelebrieren den orthodoxen Gottesdienst mit eigenen Priestern in der Turksprache. Zwischen den »gekreuzigten« und den muselmanischen Tataren gibt es keine Vermischung, aber auch den russischen Christen halten sich die Konvertiten fern.

Unsere erste Fahrt durch die trostlos erscheinende Stadt Kazan führt zum Kreml. Der Festungskomplex ist eindrucksvoll. Moskau hat Pate gestanden, nur daß der Erlöser-, der »Spasski«-Turm hier weiß gekalkt ist. Die hohen Mauern, die heute eine Kaserne der sowjetischen Streitkräfte beherbergen, blicken weit über die Wasser der Kazanka. Jenseits des Flusses erstreckt sich eine unendliche Ansammlung von Neubauten, von Wabensiedlungen, Wohnsilos im scheußlichsten sozialistischen Stil, aus vorfabrizierten Zementteilen zusammengefügt – wiederum

*Die Festungs-
mauern von
Kazan erinnern
an den Kreml in
Moskau.*

127

eine utopische »Fabrik des neuen sowjetischen Menschen«.

Die Türme des Kreml hingegen leuchten magisch in Gold und Dunkelblau. Die Kuppeln sind sternenbesetzt. Neben dem russischen Kreuz mit dem durchbohrten Wahrzeichen des Islam hat sich auf dem höchsten Wachturm ein mächtiger Halbmond behauptet. Vor diesem »Hilal« hat sich im Juni 1991 eine beachtliche Tatarenversammlung zusammengeschart, um ihre nationalen Ansprüche anzumelden und ihrem verflossenen Ruhm nachzutrauern. Diese Demonstranten, die unter der grün-roten Fahne mit weißem Halbmond angetreten sind, blickten voller Zorn auf das weiße Monument zu Ehren Iwans des Schrecklichen, das mitten im Strom auf einer Insel errichtet worden ist. Kein Russe hält hier mehr nationale Feiern ab, und der Hüne Wolodja, unser örtlicher russischer Betreuer, der mit seinem gewaltigen Bauch und seiner lauten Jovialität wie ein slawischer Obelix erscheint, bemerkt mit schallendem Gelächter, daß in dieser Gedenkstätte für den Eroberer-Zar erst eine Videothek, dann ein Bordell eingerichtet worden sei, ehe die Miliz einschreiten mußte.

Auf einem Luftkissenboot sind wir die Wolga nach Süden stromabwärts gefahren. Nach rund hundertfünfzig Kilometern weitet sich der Strom, dessen Ufer recht eintönig erscheinen, zu einem gewaltigen Stausee aus. Das gegenüberliegende Ufer ist nicht zu erkennen. Unsere Anlegestelle heißt Bolgar, und demnächst soll der ganze dortige Rayon Kujbyschew in »Bolgar« umbenannt werden. Von Bolgar selbst, der früheren Hochburg der Wolga-Bulgaren, sind nur Ruinen übriggeblieben. Ein Teil dieser frühen Siedlungen wurde durch die gestauten Wasser des Stromes überschwemmt. In Bolgar hat Peter der Große aus den Grabsteinen der Bulgaren, die mit kunstvollen arabischen Schriftzügen verziert sind, ein orthodoxes Kloster errichten lassen, das heute als Museum dient.

Die Wolga-Bulgaren, aus Zentralasien kommend und mit den Bulgaren des Balkan ursprünglich eng verwandt, haben sich als erstes türkischsprechendes Steppenvolk dieser Region zum Islam bekehrt. Vor elfhundert Jahren fand diese Hinwendung zur Lehre des Propheten Mohammed statt. Sie sollte die Islamisierung all jener Steppenvölker, die im Gefolge Dschinghis-Khans über Rußland hereinbrachen, vorwegnehmen. Die koranische Lehre kann also für sich beanspruchen, im Herzen des heutigen Rußland Fuß gefaßt zu haben, hundert Jahre ehe der Rurikidenfürst Wladimir in Kiew die Bekehrung des Ostslawentums zur byzantinisch-christlichen Kirche vollzog.

Ansonsten ist Bolgar für die Muslime und insbesondere die Tataren der Sowjetunion ein Ort der Trauer. Der große maghrebinische Forscher Ibn Batuta, der im 14. Jahrhundert alle Regionen des »Dar-ul-Islam« von Indien bis zum afrikanischen Mali besucht hat, schildert in seinem Reisejournal eine Schlittenfahrt in die eisige, für einen Marokkaner zutiefst beklemmende Winterlandschaft an diesem nördlichsten Vorposten der Gläubigen. Heute sind von den Moscheen und Palästen, die Ibn Batuta mit viel Phantasie beschrieb, nur ein paar bescheidene Minaretts oder Kuppeln, scheußlich restauriert, übriggeblieben. Diese einst mächtige Außenbastion des Islam, diese schicksalhafte Missionierungsstation koranischer Frömmigkeit ist zur Touristensehenswürdigkeit verkommen. Mir fällt der Vers des andalusischen Dichters Ar-Ranadi ein, den er den Moscheen Südspaniens widmete, nachdem diese prachtvollen muslimischen Gebetsstätten in katholische Kirchen verwandelt worden waren: »Dort weinen die Kanzeln, obwohl sie aus Stein sind.« An gewissen Tagen sammeln sich die Muslime von Tatarstan in Bolgar und gedenken ihrer einstigen Größe und Macht. Dabei tun sich die Frauen durch pathetische Klagerufe hervor.

Es ist Abend, als wir von Bolgar in den Hafen von Kazan zurückschiffen. Wir erleben die Verhaftung eines vietnamesischen Schwarzhändlers und stellen wieder einmal fest, wie verfemt diese einstigen indochinesischen Verbündeten der Sowjetmacht bei den meisten Russen sind. Mindestens sechzigtausend Vietnamesen sind nach Rußland arbeitsverpflichtet worden. Sie gelten seitdem als ein Element der Korruption und wirtschaftlichen Zersetzung. Die

Russen sind sich offenbar in ihrer an Haß grenzenden Ablehnung dieser schmächtig wirkenden Asiaten gar nicht bewußt, welche einmaligen Dienste die Armee des Generals Vo Nguyen Giap der gemeinsamen Sache der kommunistischen Weltrevolution mit unendlicher Bravour und unter unbeschreiblichen Opfern erwiesen hat. Die Tragödie Vietnams spiegelt sich bis in die Wasser der Wolga.

Im späten Licht gehen wir am Kreml von Kazan spazieren und lassen die Unendlichkeit des Landes, die Weite des Stromes auf uns einwirken. Da bietet sich eine fast surrealistische Vision: Auf den Bollwerken der Festung, wo das muslimische Khanat seine tragische Abwehrschlacht gegen die vordringenden Moskowiter verloren hat, beugen sich sowjetische Soldaten in erdbrauner Uniform über die Zinnen. Exotische Laute dringen zu uns herunter, und dann nehmen wir die Gesichter wahr: rein mongolische Züge, vom Steppenwind gegerbte Haut, extrem enge Augenspalten und glattes schwarzes Haar. Die Garnison von Kazan setzt sich in jenen Tagen überwiegend aus Usbeken zusammen, Söhnen jenes muslimischen Kernlandes Zentralasiens, das die Städte Samarkand und

Tatarische Frauen beklagen den Niedergang des Islam in der Ruinenstadt Bolgar.

Bukhara beherbergt. Die türkisch-mongolischen Wehrpflichtigen der Sowjetarmee, die – sehr zum Mißfallen der russischen Einwohner Kazans – den alten Kreml der Wolga-Tataren bewachen, scheinen insgeheim bereits eine Revanche vorzubereiten. Sie wirken wie eine rächende Vorhut, die sich dem moskowitischen Ausdehnungsdrang in die Weiten Asiens mit viereinhalb Jahrhunderten Verspätung in den Weg stellt.

*

Die Tataren haben überlebt. Von der Physiognomie her sind sie, wie wir bereits erwähnten, von den sie umgebenden slawischen und finno-ugrischen Völkern kaum zu unterscheiden. Ihre kulturelle Identität haben sie jedoch bewahrt. Es erscheint als ein hintergründiger Zufall, daß die recht bescheidenen Räume des »Tatarischen gesellschaftlichen Zentrums« (TOZ) in unmittelbarer Nachbarschaft des mächtigen örtlichen KGB-Palastes untergebracht sind. Vom Balkon des altmodischen Hauses hängt eine grün-rote Fahne mit Halbmond und Stern. Innen debattiert eine Runde hitzig engagierter Männer. Gewiß sind ein paar asiatisch-mongolische Gesichter darunter, und die Wangenknochen sitzen oft hoch. Aber es ist auch ein tatarischer Musikprofessor zugegen, der als russischer Aristokrat alten Schlages eine gute Figur abgeben würde. Die Augen der Anwesenden sind häufig blau.

Der Vorsitzende des TOZ, Professor Muljukow, der an der juristischen Fakultät der Universität Kazan unterrichtet, macht einen zurückhaltenden, beinahe schüchternen Eindruck. Mit der Pedanterie des Akademikers erklärt er, daß alle bisherigen Forderungen, aus Tatarstan eine Souveräne Republik zu machen, am Einspruch der mächtigen Russischen Föderation gescheitert seien, in die das Staatswesen von Kazan wie die fünfzehn anderen Autonomen Republiken relativ straff eingegliedert ist. Man habe den Tataren in der Vergangenheit allenfalls Folklore, Trachten und Volkslieder zubilligen wollen. Jetzt ist immerhin erreicht worden, daß das Tatarische neben dem Russischen als offizielle Amtssprache anerkannt ist. Sogar das tatarische Nationalepos »Idegej« dürfe wieder gedruckt und rezitiert werden, obwohl es den letzten großen Versuch verherrlicht, die Herrschaft der Goldenen Horde wiederherzustellen, und sogar die Verwüstung Moskaus im Jahre 1408 durch die islamischen Steppenkrieger besingt.

Im TOZ sind unterschiedliche Strömungen vertreten, die mehrheitlich an die patriotische Bewegung der tatarischen »Dschadiden«, der »Erneuerer« des 19. Jahrhunderts, anknüpfen möchten. An der Spitze dieser Renaissance, die mit der Bewegung der Jungtürken im Osmanischen Reich einherging, stand vor rund hundert Jahren der Krim-Tatare Ismail Gasprinski – Gaspirali Bey Ismail, wie sein muslimischer Name lautete. Er war eine zerrissene Persönlichkeit, durch die Widersprüchlichkeit seiner koranischen und westeuropäischen Erziehung geprägt, und lebte in Istanbul und Paris. Gasprinski strebte neben der Hinwendung zur überlegenen Wissenschaft des Westens eine fast aufklärerische Erneuerung des Islam an.

Die disparate Führungsgruppe des TOZ, die sich im wesentlichen aus Intellektuellen und Künstlern zusammensetzt, versucht andererseits, die umstrittene Figur des islamisch-bolschewistischen Revolutionärs Sultan Galiew zu rehabilitieren. Dieser Gefährte Lenins wollte in den zwanziger Jahren das Moskauer Politbüro davon überzeugen, daß das europäische, das »deutsche« Modell der Weltrevolution sich nicht auf die »Dritte Welt«, wie wir heute sagen, übertragen lasse. Er ging davon aus, daß der Islam, in dynamischer, modernisierter Anpassung, zur Befreiung der Kolonialvölker weit besser als unentbehrliches Hilfsinstrument tauge und als solches genutzt werden müsse. Erst Stalin hat mit dem »Sultangaliewismus« mörderisch aufgeräumt und Galiew liquidiert. Doch in Kazan bekennt man sich jetzt zu diesem großen, bizarren Vorläufer, der im Bürgerkrieg sogar tatarische Einheiten auf seiten der Rotarmisten aufgeboten hatte.

Es wird viel durcheinandergeredet am langen rechteckigen Tisch der TOZ-Versammlung. Jedesmal wenn ich die Frage nach einer eventuellen islamischen Ausrichtung der tatarischen Nationalbewegung aufbringe, wird mir von den wortgewandten Intellektuellen erwidert, ihr Ziel sei ein säkularer Staat, der koranische Glaube sei zwar unentbehrliche Grundvoraussetzung des tatarischen Überlebens gewesen und bleibe das auch. Aber die Trennung von Staat und Religion sei ein unverzichtbares Prinzip für die Anwesenden. Das gelte sogar für die Bewegung »Ittifaq – Eintracht«, die man gelegentlich von sowjetischer Seite ganz bewußt und irreführend in die Nachbarschaft des koranischen Fundamentalismus rücke.

Ob denn das kleine Volk in den Kolchosen, in den Erdölzentren ähnlich denke wie diese Notabeln von Kazan, frage ich, und verweise auf eine grüne islamische Fahne, die sehr spektakulär die Rückwand unseres Debattierklubs schmückt. Da wird ein blonder, bebrillter Professor, der Litauens Präsident Landsbergis vage ähnelt, nachdenklich und erwähnt jene heimlichen Formen des Parallel-Islam, der von volkstümlichen Predigern mit der Überzeugungskraft von Ayatollahs vorgetragen wird, auch wenn es diesen Autodidakten an jeglicher koranischen und arabischen Bildung mangele. Nein, national wolle

In der heruntergekommenen Stadt Kazan werden lediglich Kirchen und Moscheen restauriert.

man mehrheitlich sein, und fortschrittlich. Man habe überall, wo Tataren lebten, Filialen des TOZ errichtet, in Baschkirien natürlich und in Astrakhan, aber auch in Sankt Petersburg, auf der Krim und sogar im fernen Ausland bis nach Australien.

Die Kernidee, von der die panturanischen Gründungsväter einst schwärmten, der Zusammenschluß aller türkischsprechenden Völker des damaligen Zarenreiches von der Krim am Schwarzen Meer bis zu den Yakuten der Tundra – letztere sind mehrheitlich Christen geworden oder Schamanen-Gläubige bzw. Buddhisten geblieben –, erscheint jedoch wie eine verlorene Illusion. Schon der geforderte Zusammenschluß mit der benachbarten und auf engste verwandten Autonomen Sowjetrepublik Baschkirien ist in der dortigen Hauptstadt Ufa auf lebhaften Widerspruch gestoßen. Es sind meist romantisch und schwärmerisch veranlagte Männer, die hier im TOZ zusammengekommen sind. Wieder einmal – wie bei den Intellektuellen und Kleinbürgern der »Volksfront« von Baku – habe ich das Gefühl, daß sie den Kontakt zur Masse, zum schwer ergründbaren tatarischen Volkswillen verloren haben. Was bringt es schon, wenn hier hitzig behauptet wird, fast alle großen Figuren der russischen Geschichte – von den Schriftstellern Dostojewski, Tolstoi und Turgenjew bis zu den Feldherren Suworow und Kutusow – seien tatarischen Ursprungs gewesen. Ein paar Monate zuvor – das wiegt schwerer – haben die tatarischen Erdölarbeiter des Reviers Nabereznije Celny, das unlängst noch »Breschnew« hieß, mit den grünen Stirnbändern des Islam gegen ihre Ausbeutung und die rücksichtslose Gewinnabschöpfung ihrer Petroleumförderung durch die russischen Föderationsbehörden protestiert und die Pipelines blockiert.

Auf dem großen Zentralplatz von Kazan, dessen Architektur noch vom imperialen Stil der zaristischen Autokratie geprägt ist, ist der einstige Adelsverein zweckentfremdet worden. Ein gewaltiges Schauspielhaus steht aber weiterhin im Dienst der Musen. Im Schachclub nebenan ist der Student Wladimir Iljitsch Lenin, damals noch »Ulja-

now« genannt, angeblich von Maxim Gorki schachmatt gesetzt worden. An dieser Stelle bietet sich in diesem Mai 1991 ein merkwürdiges Schauspiel. Unmittelbar vor dem monumentalen Parteigebäude, dem ein Bronze-Lenin den Rücken kehrt, entfaltet sich auf den ersten Blick ein orientalischer Jahrmarkt. Wie in einer Schaubude hat sich dort ein muslimischer Eiferer, mit weißem Turban und buntem Kaftan als Mullah verkleidet, fast wie ein Fakir wirkend, zum Hungerstreik niedergelassen. Er ist von einer Gruppe weiß verschleierter Frauen umgeben und plädiert für die volle Souveränität Tatarstans, ja, er würde diese Republik wohl am liebsten in einen islamischen Gottesstaat verwandeln. Ein breitschultriger Leibwächter, stark mongolisch geprägt, eine grüne Binde am Arm, hält die Neugierigen auf Distanz. Angeblich gehört der fromme Mann, der den Namen Fazil Ahmadi trägt, der Islamisch-Demokratischen Partei an, die zu dieser Zeit von den kommunistischen Behörden verfolgt wird. Wie ein Bilderbuch-Tatar sieht er jedenfalls nicht aus, der fromme Mullah, mit seinem rötlichen Bart und den hellblauen Augen. Die Protestaktion, von der die Milizionäre keine Notiz zu nehmen

Unbeeindruckt von der Miliz verneigen sich die frommen Tataren in Richtung Mekka.

scheinen, spielt sich, wie gesagt, unmittelbar vor dem wuchtigen Gebäude der Kommunistischen Partei Tatarstans ab. Aber diese verspäteten und verunsicherten Jünger des Marxismus-Leninismus haben sich bereits in einen Nebenflügel verzogen und dem zivilen Regierungsapparat Platz gemacht, dessen Minister und Beamte mit der neuen Machtfülle offenbar wenig anzufangen wissen.

*

Ministerpräsident Mohammed Sabirow trägt einen rein tatarischen Namen, aber seinem Aussehen nach könnte er Deutscher oder Pole sein. Blond, blauäugig und etwas vierschrötig sitzt er hinter dem breiten Schreibtisch. Er trägt immer noch ein Abzeichen mit roter Fahne am Jakkenrevers. Ansonsten gibt er sich zuvorkommend und bemüht sich, den Technokraten herauszukehren. Sabirow identifiziert sich förmlich mit dem Anspruch der muslimischen Tataren, eine von Rußland unabhängige Republik zu proklamieren, und tut so, als hätte er diese Entscheidung bei seinen jüngsten Gesprächen in Moskau bereits

Mohammed Sabirow, Ministerpräsident der Autonomen Republik Tatarstan.

erfolgreich durchgesetzt. Will er mich bewußt irreführen, oder macht er sich Illusionen? Die Tatsache, daß der Oberste Sowjet von Kazan am 30. August 1990 mit nur einer Gegenstimme die Sezession Tatarstans von Rußland proklamiert hat, konnte doch das Bestehen der Unionsrechte nicht einseitig aufheben.

Meinem Einwand, daß die russische Bevölkerung, die immerhin fast die Hälfte der Wählerschaft ausmacht, über Mitsprache verfügen müsse, begegnet Sabirow mit dem Hinweis, Russisch sei als zweite Landessprache zugelassen und den Slawen sei es auch weiterhin gestattet, am politischen Leben der bislang übergeordneten Föderationsrepublik teilzunehmen. An Widersprüchen mangelt es in Kazan offenbar nicht.

Als ich den Ministerpräsidenten auf die islamische Frage anspreche, zeigt er sich sehr selbstbewußt und überlegen. Man solle diese Agitatoren nicht überbewerten. Da sei zwar während des Golfkrieges eine islamische »Passionaria«, Fawzia Bairamowa, vor einem halbgefüllten Saal aufgetreten, habe Solidaritätsgesten für Saddam Hussein gefordert, eventuell sogar eine militärische Beteiligung tatarischer Freiwilliger am Konflikt, aber das sei doch nicht ernst zu nehmen, auch wenn sie sich einem vierzehntägigen Hungerstreik unterzogen habe. Schlimmer sei hingegen eine unterschwellige Agitation – Frau Bairamowa war maßgeblich daran beteiligt –, die darauf hinziele, die zahllosen in Tatarstan eingegangenen Mischehen zwischen Muselmanen und Christen im islamischen Sinne zu disziplinieren. In streng religiös ausgerichteten Kindergärten und Schulen solle die heranwachsende muselmanische Jugend gemäß den koranischen Prinzipien unterrichtet und erzogen werden.

Vom »Tatarischen gesellschaftlichen Zentrum« hielt Sabirow nicht viel. Dort seien zu viele Intellektuelle, Dichter, Professoren und Narren vertreten, und die TOZ sei ohnehin vom KGB unterwandert. Dieser Vereinigung werde von ihm erst Bedeutung zugemessen, wenn es ihren Anhängern gelinge, den Platz vor seinem Fenster, der durch den kolossalen Lenin verstellt ist, halbwegs zu füllen. Die nationale Forderung der Tataren nach voller Selbständigkeit hingegen – das hätten die Unruhen des 27. Mai 1990 und das Massenaufgebot von siebzigtausend Demonstranten gezeigt – könne kaum noch abgewürgt werden.

Der Ministerpräsident ergeht sich in einer langen Aufzählung der materiellen Nachteile, die der Republik von Kazan aus ihrer Unterstellung unter die russische Oberhoheit erwüchsen. Achtundneunzig Prozent der industriellen Anlagen Tatarstans seien Eigentum der Union. Von den Rubeleinnahmen aus der Erdöl- und Erdgasförderung in Milliardenhöhe komme den Tataren nur ein verschwindender Bruchteil zugute. Alles fließe nach Moskau ab. Auch in der Lebensmittelversorgung würde man schwer benachteiligt. Siebzehn Produkte des täglichen Bedarfs seien nur auf Coupons zu haben, und seine Regierung bilde sich einiges darauf ein, daß diese Bezugscheine hier, im Gegensatz zu manchen anderen Republiken und Territorien, auch tatsächlich honoriert würden.

Mohammed Sabirow legt größten Wert auf internationale Wirtschaftskooperation und auf schnelle Einführung großzügiger Rahmenbedingungen für Investoren. Das Zauberwort »Joint-ventures« fällt natürlich wieder. Er hoffe, daß sich Ölkonzerne aus den USA für die hiesigen Reserven interessieren werden. Man halte nach allen Richtungen Ausschau. Tatarstan verfüge zwar an der Kama über eine gewaltige Lastwagenfabrik, aber diese Produkte vom Typ »Kamaz«, deren Erlöse wiederum an die Zentrale flössen, seien, wie die Regierung von Kazan schmerzlich festgestellt habe, im Ausland unverkäuflich, seit auch die früheren osteuropäischen »Bruderländer« sich der Marktwirtschaft und dem Westen zugewandt hätten.

Der Ministerpräsident hat die Türkei besucht und ist offenbar hoch gestimmt von diesem Ausflug zur Schwesternation zurückgekehrt. Es sei bereits in Istanbul eine gemeinsame Handelsgesellschaft gegründet worden, »Taturus« genannt (Tatarstan – Türkei – Rußland). Man setze große Hoffnungen auf eine panturanische Solidarität, die sich aus alten Wurzeln nähre. Das Gedankengut der tatarischen »Dschadiden« ist auch bei ihm nicht erloschen. Aus der Sicht der Tataren erscheint Anatolien offenbar als ein Land der Verheißung. Während meiner Anwesenheit habe ich ganze Busladungen türkischer Kaufleute und Touristen beobachtet, die vor dem Hotel »Tatarstan« das Gespräch mit den Einheimischen suchten. Tatsächlich sind die sprachlichen Differenzen zwischen den beiden Turkvölkern weiterhin so gering, daß sich lebhafte Diskussionen entwickelten. Auch der altertümlichen Freitagsmoschee statteten die Türken einen Höflichkeitsbesuch ab, was manche Nationalisten des TOZ, die die laizistischen Ideale des Kemalismus hochhalten, seltsam berührt haben dürfte.

Die Metropole Istanbul, weit mehr als die offizielle Hauptstadt Ankara, übt auf die Wolga-Tataren eine magische Faszination aus. Kazan hat dort sogar ein eigenes Verbindungsbüro eröffnet. Die Erinnerung an den Padischah, den Sultan, den Kalifen, den Befehlshaber der Gläubigen, ist nicht verblaßt, schmückt sich sogar mit neuem Glanz. Nicht nur die exaltierte Frau Bairamowa war ans Goldene Horn aufgebrochen. Auch der für Kazan zuständige Mufti, dessen »Geistliche Direktion« im baschkirischen Ufa residiert, bereitete seine Reise dorthin vor. Die Situation kam mir vor wie ein bizarrer Treppenwitz der Geschichte. Während das russisch-sowjetische Imperium auseinanderfällt, erhebt sich das Prestige des alten Osmanischen Reiches wie ein Phönix aus der Asche. Die moderne Türkei hat sich gewiß im Sinn des Kemalismus zutiefst gewandelt und reduziert, aber es kann keine Rede mehr sein vom »kranken Mann am Bosporus«.

*

Seltsames Versteckspiel um den Islam. Da hört man von allen Seiten, die Frage des Fundamentalismus stelle sich bei den Tataren überhaupt nicht. Der Laizismus, die Trennung von Staat und Religion, sei durch die wiederaufgelebte Tradition des »Sultangaliewismus« und des »Dschadidismus« garantiert. Aber unser russischer Fahrer führt eine Pistole bei sich. »Im Oktober wird hier geschossen«, kündigt er im Juni 1991 finster an.

Der orthodoxe Bischof von Kazan trägt den Namen Anastasi. Dieser relativ junge Mann gleicht einer religiös-verzückten Dostojewski-Gestalt. Er habe Kontakt zu den muslimischen Imamen, betont Anastasi, und die Beziehungen seien gut. Er betreut auch mit großer Toleranz die sogenannten gekreuzigten Tataren, die Nachkommen der Zwangsbekehrten. Aber eine gewisse dogmatische Strenge ist ihm nicht fremd. Am bischöflichen Amtssitz hängt ein Zettel aus, wonach Selbstmörder nicht auf eine kirchliche Bestattung hoffen dürfen. Wenn der Bischof in der Peter-und-Paul-Kirche im goldenen Ornat und mit der kuppelförmigen, gleißenden Krone der hohen orthodoxen Geistlichkeit zu seiner Gemeinde predigt, schleudert er Bannflüche gegen jene amerikanischen Sekten, insbesondere gegen die Baptisten, die mit viel Geld und Versprechungen die Gläubigen der altangestammten russischen Orthodoxie abspenstig machen wollen.

Wir sind bei unserem zweiten Besuch im Juli 1991 in dem altmodischen Hotel »Kazan« abgestiegen, das noch aus der Zarenzeit stammt. Der Dichter Puschkin hat sich hier aufgehalten. Während des Bürgerkrieges hatten die Rotarmisten in diesen Räumen das Hauptquartier ihrer Ostarmee gegen die vorrückenden Kosaken und Weißgardisten des Admirals Koltschak eingerichtet. Später war auch Maxim Gorki zu Gast, wie eine Erinnerungstafel verkündet. Mit plumpen Mitteln hat die »Administration« versucht, den großbürgerlichen Glanz von einst durch Auftragen dicker roter Lackfarbe, durch Vergoldung und Reparatur am Stuck ein wenig aufzupolieren. Wer nicht genau hinschaut, verspürt einen Hauch von »Maxim's« in dieser Tatarenstadt.

Aber das Publikum ist nicht angemessen. Hier toben sich abends kaukasische Schwarzhändler, kriminelle Jugendliche und ein stattliches Heer von Prostituierten, sogenannte Kolibris, aus. Wodka fließt in Strömen, die Pfropfen des limonadesüßen »Schampanski« knallen. Kazan ist die sowjetische Stadt mit der höchsten Verbrechensquote, und die Miliz erscheint uns machtlos oder korrumpiert. Die Zimmer weisen trotz siebzigjähriger

Vernachlässigung noch ein paar Spuren früheren Komforts auf. Allerdings bietet das »Kazan« seinen Gästen nicht jene Extravaganz, die sich das abscheuliche Hotel »Tatarstan« leistet. In den Zimmern des »Tatarstan«, dessen Fensterscheiben, wie wohl auch seine Toiletten, seit der Einweihung vor sieben Jahren nie wieder gründlich gesäubert worden sein dürften, läuft auf dem Fernsehbildschirm zu später Stunde ein spezielles Serienprogramm mit »Hardpornos«, die dem verstörten Zuschauer nichts ersparen.

Die Ideologie tut sich neuerdings schwer in Kazan. Lenin-Uljanow, der aus dem nahen Uljanowsk, früher Simbirsk, an der Wolga stammte, hat hier studiert. Zwei Monate habe er hier gefaulenzt, sagen die Ortsansässigen. Er habe großbürgerlich gewohnt und zahlreiche »Weibergeschichten« gehabt. In den Hörsälen habe man ihn so gut wie nie gesehen. Dafür habe er sich einen Diener leisten können. Sogar in der sibirischen Verbannung sei er bevorzugt gewesen. Ob denn im Westen bekannt sei, daß Lenins Mutter Jüdin gewesen ist, werde ich perfide gefragt. Der Vater der Revolution wird am Ufer der Kazanka mit

Bischof Anastasi zelebriert vor der Ikonostase der Peter-und-Paul-Kirche.

141

einem ungeheuerlichen, roten Museumsklotz geehrt, den niemand aufsucht und der das Panorama des Flusses verschandelt.

Trotzdem bezeichnet sich im Juli 1991 – also wenige Wochen vor dem Moskauer Putsch – der Chefredakteur Andrej Petrowitsch Gawrilow, Herausgeber der Zeitung »Wetschernaja Kazan« (»Kazan am Abend«) und Abgeordneter im Obersten Sowjet, noch als Kommunist. Natürlich sympathisiere er mit den Reformern. Die sturen Kommunisten im höchsten Parlament der Sowjetunion, so sagt der gutaussehende, modisch gekleidete Slawe, seien nur noch unter jenen zentralasiatischen Deputierten zu finden, die in kolonialer Ergebenheit unter der Fuchtel ihrer »roten Khane« wie Stimmvieh auf sämtliche Gesetzesvorschläge und Resolutionen reagierten.

Gawrilow gehört zu den seltenen Russen Tatarstans, die sich mit Nachdruck gegen die nationalistische Welle der Asiaten stemmen. Sein Blatt »Wetschernaja Kazan« hat er rigoros entpolitisiert, es zu einem Organ für Billiganzeigen und zum Kundgebungskalender degradiert. Doch er ist stolz auf die hohe Auflage und den guten Ertrag, wo doch die örtliche »Prawda« nur noch von Subventionen lebe. »Es ist hier ein Machtvakuum aufgerissen«, beklagt sich Gawrilow. »Nicht einmal eine Volksfront ist hier entstanden, und die Kommunisten sind wie gelähmt.« Die Russen verhielten sich seltsam passiv gegenüber den nationalistischen Provokationen der Tataren. Niemand störe sich daran, daß alle Amtsposten mit Tataren besetzt seien, aber das werde nicht mehr lange dauern. Eines Tages werde der »russische Bär« erwachen. Der Regierungschef Sabirow rege sich zu Unrecht über die Quasimonopolstellung auf, die die Moskauer Unionsregierung auf dem industriellen Sektor behaupte. Siebzig Prozent aller Fabriken in dieser Autonomen Republik würden für die Rüstung arbeiten, und die könne man wirklich nicht den Tataren unterstellen.

Gawrilow zeigt sich erbittert über die Parole »Russen raus«, die gelegentlich auf die Mauern geschmiert wird. Immerhin seien schon seine Eltern in Kazan begraben.

Das »Tatarische gesellschaftliche Zentrum« (TOZ) solle sich nicht zu stark in die Brust werfen. Jedermann wisse, daß der KGB diese Organisation von Anfang an infiltriert habe. Der Bruder Gawrilows, den der Deputierte als politischen Gegner bezeichnet, gehört der rechtsradikalen, großrussischen und prawoslawischen »Pamiat«-Bewegung an. Was den Islam angehe, so beendet er das Gespräch, solle ich mich doch selbst überzeugen. Die zwei Moscheen von Kazan stünden meist leer und würden bestenfalls von Greisen besucht.

Tatsächlich bietet die Freitagsmoschee von Kazan ein melancholisches Schauspiel. Der Imam, dem ich vorgestellt werde, ist vierundachtzig Jahre alt, und seine Umgebung ist nicht viel jünger. Der Imam beherrscht das Arabische nicht, ist bis zu seiner Pensionierung Eisenbahnarbeiter gewesen und hat dann – wohl auf Wunsch der Partei – ein geistliches Amt angetreten, dem er in keiner Weise gewachsen ist. Mit den Kommunisten habe er nie Schwierigkeiten gehabt, beteuert er. Er habe für den Frieden gekämpft, und der Islam sei eine brüderliche Lehre.

Der religiöse Wandel kommt langsam voran in Tatarstan, es sei denn, er vollzieht sich heimlich, außerhalb jenes Amts-Islam, den der KGB bislang beschattet und mißbraucht hat. Immerhin werden in Kazan neben den Kirchen auch die Moscheeruinen restauriert und die islamischen Schulstätten teilweise völlig neu aufgebaut. Die Kuppeln werden vergoldet, und neben dem Kreuz schimmert der Halbmond. So geschieht es in jedem Dorf, in jeder Kolchose.

Das Freitagsgebet wird überwiegend von alten Männern besucht, die einer belanglosen Predigt oder »Khutba« lauschen. Draußen haben Jugendliche einen Tisch aufgestellt, wo für viel Geld islamische Devotionalien verkauft werden. Der Erlös soll der Errichtung neuer Gebetshäuser zufließen. Da werden Abbildungen der Kaaba von Mekka und muslimische »Rosenkränze« angeboten, vor allem aber kunstvolle Ausgaben des Korans. Der Preis dieser heiligen Bücher, die meist aus Saudi-Arabien gespendet, inzwischen aber auch in Kazan gedruckt werden, beläuft

sich auf fünfzig bis hundertzwanzig Rubel, eine beachtliche Summe bei einem offiziellen Durchschnittseinkommen von zweihundert Rubeln im Monat.

Vor der Moschee hat ein Bus mit mongolisch aussehenden Schülern und Schülerinnen haltgemacht. Sie besichtigen das grün bepinselte Gebetshaus, ohne am Gebet teilzunehmen. Es handele sich um junge Karakalpaken aus Zentralasien, erklärt mir unser Begleiter Jewgeni. Sie seien in einem Ferien- oder Pionierlager an der Wolga zur Erholung, weil sich die ökologische Katastrophe ihrer Heimatregion verheerend auf die Volksgesundheit auswirke. Die Autonome Republik der Karakalpaken ist Usbekistan angeschlossen und grenzt an den Aral-See. Dort habe, so Jewgeni, die hemmungslose Wasserverschwendung beim forcierten Baumwollanbau in der Steppe zu einer drastischen Klimaveränderung geführt. Der Aral-See sei weitgehend ausgetrocknet. Rund um die einstige Süßwasserfläche hätten sich meterdicke Salzkrusten gebildet, deren Schadstoffe, mit Sand vermischt, vom Wüstensturm hochgewirbelt würden. Die wahnwitzig anmutende Konzentration von Pestiziden und Herbiziden bei der Be-

Beharrliche Frömmigkeit der alten Männer.

arbeitung der Baumwoll-Sowchosen sei nicht nur dem Boden, sondern auch dem Trinkwasser zum Verhängnis geworden. Seuchenähnliche Erkrankungen und Allergien, vor allem bei Kindern, Mißbildungen bei Neugeborenen seien aufgetreten. Man spreche im Umkreis des Aral-Sees von einem »asiatischen Tschernobyl«.

Trotzdem erscheinen mir diese jungen Karakalpaken vor der Moschee lebendig, munter und aufgeschlossen, wenn ich sie mit ihren Altersgenossen von Kazan vergleiche. Irgendwie scheint den Tataren in den Jahrhunderten ihrer Unterdrückung und Entfremdung die alte Vitalität abhanden gekommen zu sein. Es haben sich sogar gewisse Degenerationserscheinungen eingestellt, die sich wohl ebenfalls durch endlose Entbehrung und Knechtung erklären lassen. Es ist bezeichnend, daß bei den Tataren die Geburtenrate so niedrig liegt, daß der Bevölkerungszuwachs ebenso stagniert wie bei den Russen. In allen anderen muslimisch geprägten Regionen der Sowjetunion findet statt dessen eine demographische Explosion statt, und die Bevölkerungszahl verdoppelt sich innerhalb einer Dekade. »Das Volk hungert«, raunt uns ein alter Mann zu, als die Gläubigen die Moschee verlassen und vor drei aufgebahrten Leichen das kurze islamische Totengebet gesprochen wird. Der Greis murmelt Flüche gegen Gorbatschow.

*

Mit Einbruch der Dämmerung wird es bitterkalt im Stadion von Kazan, obwohl die Julisonne eben noch warm geschienen hat. Jenseits des Zirkus, wo das Publikum sich vor »echten Vampiren« gruselt, spielen die matten Abendstrahlen auf den Kuppeln, Kreuzen, Halbmonden des Kreml und schlagen letzte Funken. Das Unerwartete ist geschehen. Seit Tagen ist ein Musik- und Gesangsfestival der tatarischen Jugend angekündigt worden, und jetzt haben sich die Steinbänke der riesigen Sportanlage tatsächlich bis zum höchsten Rang gefüllt. Jugendliche beider Geschlechter sind neben älteren Schaulustigen gekommen. Die Mädchen tragen fast ausnahmslos das Haar frei, aber viele Burschen haben die tatarisch-turkestanische

»Tupeteika« aufgesetzt. Es geht fröhlich, fast ausgelassen zu bei der Veranstaltung, eine Stimmung, die man dieser düsteren, fast finsteren Stadt gar nicht zutrauen würde.

Jugendfestival der tatarischen Organisation »Asatlik – Freiheit« unter der grünen Fahne des Islam.

Das Festival steht eindeutig im Zeichen der tatarischen Wiedergeburt und des tatarischen Nationalismus. Auch uns werden kleine Abzeichen – grün-rotes Wappen mit dem Halbmond der Tatarischen Republik – überreicht, sogar grüne Anstecker, die in winzigen Lettern mit dem islamischen Glaubensbekenntnis beschriftet sind: »Es gibt keinen Gott außer Allah, und Mohammed ist sein Prophet.« Die meisten Anwesenden tragen ein weißes Schildchen mit dem Wort »Asatlik«. Unter diesem Wort, das »Freiheit« bedeutet, sammelt sich die tatarische Jugendbewegung, die nominell dem Kulturzentrum TOZ zugegliedert ist, aber mehrheitlich mit der relativ radikalen Partei »Ittifaq – Eintracht« sympathisiert.

Der Beginn der Veranstaltung ist enttäuschend. Eine hochgewachsene tatarische Schauspielerin im engen langen Rock, der beim Gehen das Wiegen ihrer Hüften betont, betätigt sich als Ansagerin. Es treten meist drittklassige Sänger und Sängerinnen auf. Die männlichen Darstel-

147

ler haben sich in abenteuerliche Smokings geworfen und ahmen mit unzureichendem Talent amerikanische Vorbilder nach. Es sind recht schmalzige Auftritte, die in eine Vorstadtaufführung am Bosporus passen würden. Jedenfalls entdecken wir, daß wir hier am Zusammenfluß von Wolga und Kazanka mittendrin sind im türkischen Kulturleben. Ein paar Artistinnen, deren durchsichtiger Rock die stämmigen Schenkel recht freizügig darbieten, wiegen ihre orientalisch-breiten Hüften. Sie stimmen ähnlich schmachtende Weisen an, wie sie in den trüben Vergnügungsstätten Anatoliens die männlichen Zuschauer entzücken. Zwei Clowns betätigen sich als müde Spaßvögel. Dann tanzen diverse Trachtengruppen, die die Verschmelzung russischer und tatarischer Kostüme und Lebensformen verdeutlichen. Der Folklore-Reigen mit den trippelnden, dann wieder galoppierenden Schritten, die Steppenreitergestik der Männer, die Fellmützen und die reich bestickten Röcke der durchwegs hübschen, rassigen Mädchen würden ebensogut in ein Kosakenballett passen.

Doch das wirkliche Schauspiel findet bei den Zuschauern statt. Da frappiert zunächst die Vielfalt der ethnischen Typen. Vom hellsten nordischen Blond bis zum rabenschwarzen mongolischen Strähnenhaar ist hier ein unglaubliches Konglomerat mit allen nur erdenklichen Schattierungen und Vermischungen vorhanden. Die Mädchen mit den hohen Backenknochen sind meist recht attraktiv. Durchaus bürgerlich wirkende Familien im guten Anzug und relativ eleganten Kleid sind gekommen. Die türkischen Schlager lösen nachhaltigen Applaus, teilweise Begeisterung aus. Niemand scheint die Kälte des Abends wahrzunehmen.

Mich faszinieren zwei historische Anspielungen dieses Treffens: Da schwenkt ein junger blonder Mann mit Tupeteika eine riesige grüne Fahne. Er macht das unermüdlich und mit großer Kraft. Er ist sich wohl bewußt, daß er mit dem Feldzeichen des Propheten Mohammed dieser durchaus säkular-nationalistischen Feier einen sakralen Anspruch verleiht. Im Laufe des Abends tut sich dieser Jüngling als »Bandleader« hervor. Auf der anderen Seite des

Eine tatarische Folkloregruppe auf dem Jugendfestival.

unteren Stadiondurchlasses wird ein quadratisches Tuch von einem schönen schwarzhaarigen Mädchen hochgehalten. Auf blauem Hintergrund zeichnet sich ein goldener Dreizack ab, und längst nicht alle Zuschauer wissen, daß es sich hier um die alte Standarte der Goldenen Horde handelt, jener türkisch-islamischen Stammeskoalition, die zwei Jahrhunderte lang die slawischen Großfürsten zu Tributeintreibern herabgewürdigt und das Heilige Rußland in Furcht und Schrecken versetzt hat. Später entdecke ich sogar auf dem Podest hoch über dem Stadion – respektlos neben einem Leninkopf plaziert – das gleiche Dreizacksymbol der verflossenen mongolisch-tatarischen Herrschaft.

Seltsam verschlungene Wege hat hier die Geschichte im weiten Raum zwischen der Wolga und dem frühen litauischen Reich beschritten. Die islamisierten Tataren haben, dem Vorbild ihrer mongolisch-schamanischen Vorfahren folgend, niemals eine eigene geordnete Verwaltung über die von ihnen beherrschten Ostslawen verhängt. Sie versuchten gar nicht, die Russen zum Islam zu bekehren, und ließen den orthodoxen Klerus ungeschoren. Von den rus-

149

sischen Fürsten – inklusive des großen und heiligen Alexander Newski, der den Deutschritterorden am Peipussee geschlagen hatte – verlangten sie Huldigung und Tribut.

Mit der Eintreibung der oft erdrückenden Abgaben waren die russischen Bojaren beauftragt, und wehe, wenn die Lieferungen ausblieben. Dann drohten die totale Vernichtung und Versklavung der aufsässigen Bevölkerung. Eine Ironie der Geschichte bewirkte später, daß die tatarischen Groß-Khane – um die Tributeintreibung zu erleichtern und zu zentralisieren – diese Aufgabe den Großfürsten von Moskau übertrugen und damit zur allmählichen Aufwertung, ja, Stärkung des noch embryonalen Moskowiter-Reichs beitrugen. Diese Fehleinschätzung wurde den Eroberern aus der Steppe zum Verhängnis. Sie gipfelte schließlich in den sukzessiven Niederlagen der Tataren und in der Eroberung Kazans durch Iwan den Schrecklichen.

Endlich bietet sich mir am Rande des Festivals eine Chance, mit politisch engagierten tatarischen Jugendlichen zu diskutieren. Auch bei ihnen muß ich feststellen, daß sie zwar von brennendem Nationalismus beseelt sind, daß sie sich dem Islam jedoch entfremdet haben. Das kemalistische Ideal eines straffen turksprachigen Nationalstaates beherrscht die Vorstellungen. Ich stoße bei den Verantwortlichen der Organisation »Asatlik« auf viele Widersprüche, die weder rassisch noch ideologisch auf einen Nenner zu bringen sind.

Schließlich verweist man mich an zwei junge Leute, die sich durch größere Zurückhaltung und Besonnenheit auszeichnen. Sie geben sich als Vertreter eines islamischen Zweiges zu erkennen und gehören der gläubigen Fraktion »Iman« an. Sie sprechen von religiöser Verwüstung, von der Zerstörung der Moscheen, von der Ermordung der Mullahs, von der Propagierung totaler Ignoranz, ja, der Pervertierung der Sitten. Überall in der Sowjetunion sei Wodka Mangelware, aber in den tatarischen Siedlungen stünden in den Kolchosläden die Schnapsregale voll. Der Alkoholismus sei bei der muselmanischen Bevölkerung, die früher einmal die Enthaltsamkeitsgebote des Propheten strikt befolgt habe, so verbreitet, daß fünfzig Prozent der Todesfälle nunmehr auf ungehemmten und verzweifelten Wodkagenuß zurückzuführen seien, sogar unter den Frauen.

Es sei an der Zeit, daß die religiöse Wiedergeburt wieder menschliche Würde und Sittlichkeit herstelle. Indessen würden sie von den russischen Sicherheitsbehörden neuerdings angeklagt, aus dem fernen kaukasischen Aserbeidschan Waffen einzuschmuggeln. Ein ernster junger Mann beteuert feierlich, daß die vom Westen übernommene Nationalidee eine nützliche, aber keineswegs befriedigende Übergangslösung darstelle, daß das Postulat der gesamt-islamischen »Umma« hingegen die einzig tragfähige Lösung für den Zusammenschluß sämtlicher Muslime in der zerbröckelnden Sowjetunion biete.

Die Islamisten sind vorläufig noch Außenseiter. Dessen sind sie sich bewußt. Aber sie verlassen sich auf ihre Durchsetzungskraft als dynamische Minderheit. Die übrigen, die »Laizisten«, mischen sich wieder in das Gespräch ein, das diskret in unserem Minibus stattfindet. Sie schildern die unerträglichen Existenzbedingungen Tatarstans. Da würden in ihrer Republik Erdöl und Gas gefördert, Bitumen werde aufbereitet, doch die Weiterverarbeitung finde in anderen Regionen statt. Da sei das Land zur Hälfte von Wäldern bedeckt, aber Streichhölzer seien nicht einmal auf Coupons zu haben. Ich hätte mich ja von der Rückständigkeit und vom Elend der breiten tatarischen Bevölkerung überzeugen können; doch in den unionseigenen Fabriken auf tatarischem Boden würde Spitzentechnologie für die Weltraumforschung hergestellt, ohne jeden Profit natürlich für das Budget der Republik.

So distanziert sich die Mehrzahl der Jungen auch gegenüber dem politischen Islam verhält, eine unentbehrliche Rolle bei der notwendigen moralischen Erneuerung gesteht auch sie der Religion zu. Beim einfachen bescheidenen Volk könne der Islam eine aufrüttelnde, heilsame Wirkung zeitigen – gemäß dem Weckruf des Muezzins: »Das Gebet ist besser als der Schlaf.« Ob sie denn tatsächlich auf ein unabhängiges Tatarstan inmitten des mächtigen russischen Umfeldes hoffen können, frage ich. Die Antwort ist kategorisch: »Wenn wir nicht fest daran glaubten, dann würden wir uns doch nicht dieser Anstrengung und Mühe unterziehen.«

Aus dem Stadion dringt plötzlich tumultartiger Lärm. Ich eile zurück, und es bietet sich ein verblüffendes Bild. Die Masse der Jugendlichen, es mögen ein paar tausend sein, ist über die Barriere geklettert und in das innere Oval des Stadions vorgedrungen. Eine Beatgruppe veranstaltet – über Amplifikatoren dröhnend – ohrenbetäubenden Lärm. Die junge Menge tanzt dazu, bewegt sich wie in Trance. Dann singt man im Chor tatarische Lieder mit nationaler Thematik. Alle bewegen sich rhythmisch im wilden Takt. Über den Köpfen der widersprüchlich motivierten Rockgemeinde weht unabläßlich die riesige grüne Fahne des Propheten Mohammed und in einigem Abstand das Feldzeichen der Goldenen Horde, der Erben Dschingis-Khans.

Im Hintergrund ist der Kreml künstlich erleuchtet. Es scheint, als wären die jungen Tataren noch einmal zur Entscheidungsschlacht, zur Revanche gegen Iwan den Schrecklichen und seine Moskowiter angetreten. Am Ende bilden sie quer über den Rasen des Stadions eine temperamentvolle Sarabande, fassen sich an den Händen, singen aus vollen Kehlen und drehen sich im wilden Reigen wie zu einer Carmagnole. Das Licht des Scheinwerfers richtet sich auf die flatternde grüne Flagge der islamischen Nostalgie und, wer weiß, des islamischen Erwachens.

*

Unsere Chartermaschine, die von Kazan nach Osten gestartet war, überflog eine eintönige, flache Landschaft. Waldfetzen lösten sich mit braunen Äckern ab, eine schlechte Topographie für den Partisanenkrieg, falls die Tataren jemals an bewaffnete Auflehnung denken sollten. Wir steuerten auf Ufa zu, die Hauptstadt der Autonomen Sowjetrepublik Baschkirien, wie man bisher sagte. Neuerdings nennt sich dieses Teilgebiet der Russischen Födera-

*Die Petroche-
mie hat in Ufa,
der Hauptstadt
der Sozialisti-
schen Republik
Baschkyrstan,
schweren öko-
logischen Scha-
den angerichtet.*

tions-Republik, dessen kommunistische Führung im Gegensatz zu Tatarstan keine Loslösung von Rußland anstrebte, »Sozialistische Sowjetrepublik Baschkyrstan«. Um Widersprüche war man in dieser Gegend nicht verlegen.

Die Stadt Ufa kündigte sich durch ausgedehnte Datschen-Ansammlungen an. Die Datscha ist auch in Baschkirien das Statussymbol der Sowjetbürger. Unser erster Besuch in Ufa galt der dortigen »Geistlichen Direktion« der Muselmanen für das europäische Rußland und Sibirien sowie dem amtierenden Mufti Talaghat Tadschuddin. Ufa war uns als beispiellos häßliche Industriesiedlung mit eineinhalb Millionen Menschen angekündigt worden, die durch ihre petrochemischen Anlagen auf fast kriminelle Weise verpestet sei. Wir waren von diesem »baschkirischen Bitterfeld« angenehm überrascht. Die Stadt liegt auf einem Plateau zwischen den Flüssen Ufa und Belaya, auf baschkirisch »Agidel«, und die fünfzehn Kilometer lange Zentralallee »Oktober« ist so dicht mit Bäumen, meist Birken und Pappeln, bepflanzt, daß die unansehnlichen Bauten gnädig verdeckt werden.

Mufti Talaghat gehört jener Generation sowjetischer Korangelehrter an, die noch unter Breschnew ins orientalische Ausland geschickt wurden. Er hat nach Absolvierung der usbekischen Medressen und Institute von Bukhara und Taschkent zwei Jahre an der berühmtesten theologischen Hochschule, El Azhar von Kairo, studiert, zur Zeit Anwar as-Sadats, wie er bemerkte. Der Mufti war etwa vierzig Jahre alt, trug einen weißen Turban und hatte sich die Würde eines »Alim« zugelegt. Seine Augen waren blau, seine Barthaare rötlich. Er verwies mit Genugtuung auf die Wiedergeburt des Islam in Baschkyrstan – so der neue Name –, auch wenn die religiöse Unwissenheit der Gläubigen nach siebzig Jahren Atheismus noch erschreckend bleibe.

Im Gegensatz zu den benachbarten und engverwandten Tataren lebten die Baschkiren vor der Revolution überwiegend als Hirten, verfügten also nicht über den intellektuellen und nationalistischen Hintergrund der einheimi-

schen »Bourgeoisie« und der »Dschadiden« von Kazan. Der Mufti selbst stammt aus Kazan und ist Tatare. Doch die Überführung der »Geistlichen Direktion« an die Wolga, wie sie von den tatarischen Nationalisten gefordert wurde, lehnte er ab. Schließlich gehe die Errichtung dieser Ufaer Institution auf das Jahr 1789 und einen Erlaß Katharinas der Großen zurück. Die Zarin, so hatte ich gelesen, habe gegenüber den Muslimen ihres Imperiums im Gegensatz zu ihren Vorgängern eine recht tolerante Politik verfolgt.

Talaghat Tadschuddin ließ das nicht gelten. Der Herrscherin sei wohl nach dem großen Pugatschow-Aufstand, der ihr Imperium an den Rand des Abgrundes gedrängt hatte, nichts anderes übriggeblieben. Der Thronprätendent Pugatschow, ein einfacher russischer Bauer, der von sich behauptete, er sei in Wahrheit der ermordete Zar Peter III., hatte ein gewaltiges Aufgebot von Leibeigenen und Unzufriedenen hinter sich gesammelt und verwüstete das östliche Imperium. Vierzig Prozent seiner Gefolgsleute waren Tataren und Baschkiren, die damals hofften, das zaristische und christliche Joch abzuschütteln. Hier

Oben links:
Mufti Talaghat
Tadschuddin,
geistliches
Oberhaupt der
Muslime Ruß-
lands und Sibi-
riens.

Oben rechts:
Baschkirischer
Koranschüler
beim Anrufen
des Namens
Allahs.

155

liege der Schlüssel zur erleuchteten Duldsamkeit gegenüber dem Islam, die die große Zarin angeblich praktiziert
habe, bemerkte der Mufti.

An dieser Stelle sei vermerkt, daß sich die Zugeständnisse Katharinas II. an die tatarischen Muslime für die
Betroffenen im Endeffekt eher negativ ausgewirkt haben.
In der ersten Hälfte des 19. Jahrhunderts waren sie Weggefährten des russischen Vordringens in Zentralasien. Sie
trugen zweifellos dazu bei, daß die kasachischen Nomaden, deren Zugehörigkeit zum Islam noch durch Schama-
nenbräuche korrumpiert war, eine rechtgläubige koranische Umerziehung genossen. Die Tataren, weit mehr okzi-
dentalisiert als ihre übrigen Glaubensbrüder des russischen Reiches, machten sich jedoch in den unsicheren
Regionen Turkestans, in die christliche Kaufleute noch
nicht vorzudringen wagten, auch als Zwischenhändler und
Kontaktpersonen unentbehrlich. Auf die Dauer kamen sie
dadurch bei den rückständigen Einwohnern der Emirate
von Bukhara, Kokand und Khiva in den Verdacht, Agenten der Ungläubigen und aufgrund ihrer Zuwendung zum
Modernismus schlechte Muslime zu sein.

Ähnlich sollte es später den mohammedanischen Kau-
kasiern ergehen. Sie waren wegen ihrer Kollaboration mit
den Deutschen von Stalin 1944 nach Kasachstan und Mittelasien verbannt worden. Aufgrund ihres höheren Bil-
dungsstandes, ihrer besseren russischen Sprachkenntnisse
und einer fast levantinischen Agilität entfachten sie den
Zorn der rückständigen, vom System benachteiligten Urbevölkerung fast ebenso heftig wie die vielen europäischen
Siedler, die aus Rußland und der Ukraine eingedrungen
waren. Ja, die ersten Pogrome nach der alles zersetzenden
Auflockerung der Perestroika richteten sich paradoxerweise zunächst einmal gegen jene aufdringlichen Glaubensbrüder, die die seltenen, gut dotierten Arbeitsplätze
an sich rissen. Durch geschmeidige Anpassung an das
bescheidene Marktsystem, das im Zeichen der zögerlichen
Gorbatschow-Reformen entstand, übervorteilten die Zuwanderer überdies die tumben Einheimischen und
schröpften sie in ihren »Kooperativläden«.

Ein islamischer Revolutionär war der Mufti von Ufa gewiß nicht. Er repräsentierte theoretisch acht bis neun Millionen sunnitische Muselmanen der hanefitischen Rechtsschule und genoß bei den Gläubigen wohl den Ruf eines rechtschaffenen Mannes. Von radikaler politischer Aktivität hielt er sich fern, erwähnte nur beiläufig, daß – zur Zeit unseres Gespräches im Juli 1991 – neben der in Baschkirien noch allmächtigen Kommunistischen Partei auch nationale baschkirische Zusammenschlüsse unter dem Namen »Ural« oder »Aktirme – Weißes Zelt« im Entstehen seien. Der Mufti war stolz auf die riesige Moschee, die im Norden der Stadt auf mächtigen Betonfundamenten entstand und ausschließlich durch Spenden finanziert wurde. Immerhin seien im vergangenen Jahr 4500 Gläubige aus der Sowjetunion nach Mekka gepilgert.

Talaghat Tadschuddin stand wie all jene muslimischen Imame, die – vom kommunistischen Regime begünstigt, vom KGB gesiebt, mit präzisem politischen Auftrag versehen – die offiziellen geistlichen Führungspositionen in der Sowjetunion bekleideten, natürlich weiterhin in einem gewissen Zwielicht. Vielen haftete der üble Geruch des Zusammenspiels mit den Gottlosen an. Doch bei dem einen oder anderen mag sich auch jener Prozeß vollzogen haben, wie er in dem Theaterstück »Becket oder die Ehre Gottes« für das mittelalterliche England beschrieben wird, nämlich die Umwandlung eines königlichen Günstlings, der – vom Thron als unterwürfiger Kirchenfürst investiert – sich seiner religiösen Pflichten und seiner Verantwortung vor Gott bis zur Hinnahme des Martyriums bewußt wird. Das Thema »Der Mufti oder die Ehre Allahs« ist in der Sowjetunion noch nicht erforscht. Immerhin stand Talaghat am Tage unseres Besuchs im Begriff, eine Reise nach Istanbul, dem alten Kalifensitz am Bosporus, anzutreten.

*

Die Stadt Ufa wird durch monströse Bronzedenkmäler verschandelt. Neben dem monumentalen Lenin verherrlichen zwei vorwärts stürmende Giganten den heldenhaften Kampf der Bolschewiki und baschkirischen Freiwilligen gegen die Weißgardisten, obwohl gerade in Ufa die Kommunisten eine schwere Niederlage erlitten. Hoch über dem »Weißen Fluß«, dem »Agidel«, reitet der mythische baschkirische Held Salawat Julajew, der an der Seite Pugatschows gegen Katharina focht und von den Sowjets zu einer Art tatarischem Spartakus hochstilisiert wurde. Diese offiziellen Verbrüderungsgesten, die auch hier angestrebte Fabrikation des »sowjetischen Menschen« und die Berufung des marxistischen Betonkopfes Habibullin zum Ersten Sekretär der Kommunistischen Partei, die im Sommer 1991 in Ufa stattfand, konnten nicht über die brisanten ethnischen Spannungen hinwegtäuschen. Etwa 3,8 Millionen Einwohner zählt diese Autonome Republik, darunter jedoch nur 800 000 Baschkiren und eine Million Tataren gegenüber einem russischen Bevölkerungsanteil von siebenundvierzig Prozent. Der Rest setzt sich aus Kasachen, Mordwinen und Deutschen zusammen.

Auch in Ufa haben die Spezialisten der sowjetischen Methode des »Teile und herrsche« die gesellschaftlichen Unterschiedlichkeiten und die sprachlichen Abweichun-

Das Reiterdenkmal des Baschkirenführers Salawat Julajew erinnert an den Pugatschow-Aufstand gegen Katharina die Große, an dem die Tataren maßgeblich beteiligt waren.

gen zwischen tatarischen und baschkirischen Muselmanen zu einem künstlichen Nationalitätenkonflikt hochgezüchtet. Die Tataren von Kazan, die sich ihren baschkirischen Brüdern intellektuell überlegen fühlen und mit ihrem Gesellschaftszentrum TOZ durchaus präsent, ja, rührig sind, fordern die Wiedervereinigung der beiden Teilrepubliken und somit die Schaffung eines größeren Tatarstans, wie es vor 1902 administrativ existiert hatte. Obwohl die mundartlichen Unterschiede zwischen den beiden »Sprachen« geringer sind als die Abweichungen der Schweizer Dialekte, klagen die Tataren Baschkiriens über ihre kulturelle Benachteiligung in Presse, Schulwesen, Theater und Rundfunk. Sie heizen damit natürlich die pseudonationalen Reaktionen der Baschkiren an.

Während ich mich im Juli 1991 in Ufa aufhielt, hatte der örtliche Korrespondent der mutigen und liberalen Zeitung »Moskovskije Nowosti« (»Moscow News«) Öl ins Feuer gegossen, als er die künstliche Abschirmung Baschkyrstans vom benachbarten Tatarstan längs des Flusses Ikh mit einer »neuen Berliner Mauer« verglich. Er erwähnte die Forderung des TOZ, im überwiegend tatarisch bevölkerten Grenzgebiet einen autonomen tatarischen »Rayon« zu schaffen, und schrieb von »Zwangs-Baschkirisierung«. Die Moskauer Journalist zog das geballte Feuer der kommunistischen Presse Baschkyrstans, insbesondere der »Sowjetskaja Baschkiria«, und ihrer Funktionäre auf sich. Die Kommunistische Partei verwehrte sich gegen die »Ambitionen frustrierter Intellektueller«, behauptete sogar, die echte Berliner Mauer habe ja auch ihre Nützlichkeit zur Abwehr westlicher Infiltranten gehabt, und gab sich – inmitten der Russischen Föderations-Republik des Präsidenten Boris Jelzin – noch als stalinistisches Bollwerk zu erkennen.

Bei den Experten kam natürlich der Verdacht auf, daß das »Zentrum« – gemeint waren die Moskauer Reaktionäre, die sich später als Putschisten entlarven und blamieren sollten – nunmehr versuchte, Boris Jelzin auf seinem eigenen Territorium zu destabilisieren, und zwar zunächst in den Teilrepubliken von Kazan und Ufa, die dem russischen Staatsverband eingegliedert sind. Daß darüber die ganze Sowjetunion mitsamt ihrem russischen Eckpfeiler zerbrechen könnte, schien die Verschwörer und Drahtzieher des »Zentrums«, des »Imperiums«, wenig zu stören.

Der Islam tut sich schwer in Baschkyrstan, wie mir ein junger »Talib«, ein Koranstudent, versicherte, der gerade von einer Rundreise durch den arabischen Orient zurückgekehrt war. Noch sei die Religion ein Anliegen der armen Bevölkerungsschichten. Die anderen seien von Konsumrausch und westlicher Lebensart fasziniert. Die alten Gewohnheiten ließen sich offenbar schwer abbauen. So beobachteten wir ein festlich gekleidetes Brautpaar, das seinen Blumenstrauß immer noch zu Füßen des wild gestikulierenden Bronze-Lenins niederlegte.

Sogar die DDR hat im fernen Ufa ihre Spuren hinterlassen. Es bestand eine recht aktive Partnerschaft zu Halle, und nach dieser Schwesterstadt an der Saale ist weiterhin ein recht ansehnliches Restaurant im Zentrum benannt, wo derbe deutsche Küche serviert wurde. Die Gäste in diesem teuren, exklusiven Lokal gehörten teils zur Nomenklatura, teils zur neuen Ganovenszene. Neben den Schwarzhändlern tafelten die Zuhälter mit ihren Mädchen.

Vor dem Abschied sind wir noch einmal zum Reiterstandbild des Pugatschow-Gefährten Julajew gegangen. Die Blumenanlagen rundum waren gepflegt. Viele Einheimische genossen den Ausblick über die unendlichen Wälder, die sich jenseits des Agidel-Flusses bis zum fernen Horizont erstrecken. Das Aussehen der Baschkiren ist hier schon deutlich mongolischer als bei den Tataren von Kazan. Mir fielen zwei hübsche blonde Mädchen mit rein asiatischen Gesichtszügen auf. Auch wir blickten lange nach Osten. Mir kam der Gedanke an die ungewisse Zukunft nicht nur der Sowjetunion insgesamt, sondern auch ihres russischen Kernstaates, der hier an Asien grenzt, in Asien übergeht, in Asien aufgeht. Wie lange wird es Boris Jelzin gelingen, die sechzehn Autonomen Teilrepubliken zusammenzuhalten, die Josef Stalin auf beiden Seiten des Ural willkürlich zurechtgeschustert hat?

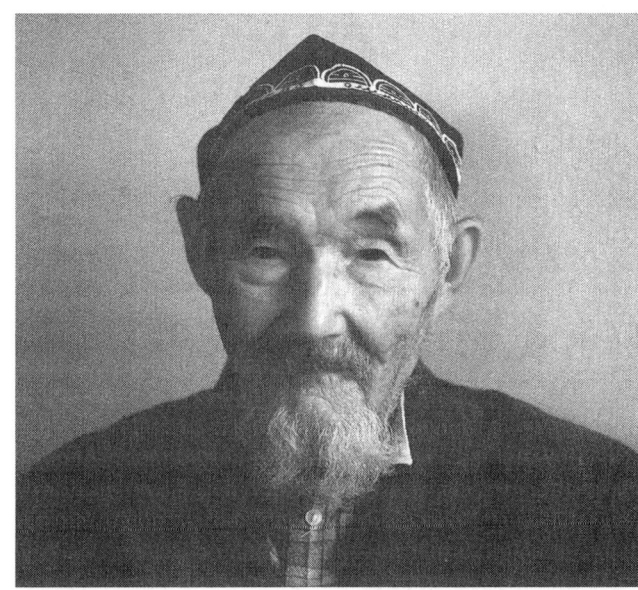

Links: Gläubiger beim Freitagsgebet in Ufa.

Unten: In der Moschee beten die Frauen streng abgesondert von den Männern.

Natürlich sind es nicht die Tschuwaschen, Mordwinen, Ewenken oder Tschuktschen, die ernste Sezessionsprobleme aufgeben, nicht einmal das arktische Turkvolk der Yakuten, dessen Gebiet weitgehend russifiziert ist. Aber in den Randregionen wird es brodeln. Die Unabhängigkeitserklärung Aserbeidschans, die nach dem Moskauer Putsch durch den bislang kommunistischen Präsidenten Mutalibow überstürzt in Baku vollzogen wurde, dürfte Konsequenzen im benachbarten muslimischen Daghestan haben, ebenfalls eine Autonome Republik der Russischen Föderation, wie in jenen unruhigen Zwergstaaten des Kaukasus, die über eine lange Widerstandtradition gegen die Moskowiter verfügen. Bei den Tschetschenen sind die ersten blutigen Separationsunruhen bereits ausgebrochen.

Sogar im fernen Ostasien rumort es. Da gehen die aufsässigen Tuwiner, im einstigen Tannu Tuwa, gegen die russischen Siedler mit Steinwürfen vor. Die mongolischen Burjäten betonen ihre nationalen Ansprüche. Als ich mich im Sommer 1990 in der mongolischen Republik von Ulan-Bator aufhielt, wurden dort von der regierenden Kommunistischen Partei Gebietsansprüche gegenüber Sibirien formuliert. Es ging um einen Streifen, den der zum Botschafter degradierte Wjatscheslaw Molotow seinerzeit ohne Konsultation der Mongolen der Russischen Föderation zugeschlagen hatte.

Tatarstan und Baschkyrstan sind vielleicht verlorene Außenpositionen für die dortigen Nationalisten und Islamisten. Doch von der Wolga über den Ural spannt sich eine Art ethnisch-religiöse Landbrücke zu jener riesigen Steppenrepublik Kasachstan, die unter ihrem selbstbewußten Präsidenten Nasarbajew volle Souveränität praktiziert. Zwei Monate vor meinem Besuch in Ufa – es war vor dem gescheiterten Moskauer Staatsstreich – konnte ich zufällig im Fernsehen miterleben, wie Michail und Raissa Gorbatschow dem zentralasiatischen Potentaten Nasarbajew, der über bemerkenswerte staatsmännische Gaben verfügt, ihre Visite, fast ihre Huldigung abstatteten.

Kasachstan wird für Rußland zum schmerzlichen, explosiven Problem. Dort leben rund sieben Millionen Russen, das sind knapp vierzig Prozent der Gesamtbevölkerung. Diese Kolonisten stellen im Norden Kasachstans achtzig bis neunzig Prozent der Einwohner und haben die Urbevölkerung aus den fruchtbaren Schwarzerde-Gebieten in die südliche Öde abgedrängt. Doch von Grenzkorrekturen will Nursultan Nasarbajew, der neue »Groß-Khan« von Alma-Ata, nichts wissen. Als Boris Jelzin eine solche Möglichkeit erwähnte, schreckte der kasachische Präsident vor der Androhung bewaffneten Widerstandes nicht zurück. Jelzin trat schleunigst den Rückzug an und bemüht sich seitdem um ein harmonisches Verhältnis zur Regierung von Kasachstan.

Zusätzliche internationale Komplikationen zeichnen sich ab. Neben Rußland und der Ukraine ist Kasachstan die einzige Unionsrepublik, in der strategische Nuklearraketen mit interkontinentaler Reichweite stationiert sind. Dazu kommt die Weltraumstation Baikonur mitten in der Hungersteppe und jenes atomare Testgelände von Semipalatinsk, das Nasarbajew bereits durch eigenmächtige Verfügung schließen ließ. Washington blickt voller Unruhe auf Kasachstan und seinen eigenwilligen Weg.

Langfristig besteht in dieser Zwischenzone Asiens die Gefahr, daß Rußland auf unabsehbare Zeit mit blutigen Unruhen längs einer unberechenbaren Wehrgrenze belastet wird, zumal die Aufsässigkeit der turkestanischen Sowjetrepubliken am »weichen Unterleib« des Imperiums von Monat zu Monat zunimmt.

*

In den ersten Augusttagen 1991 landeten wir, aus Ufa kommend, auf dem Flughafen Domodedowo bei Moskau. Wieder einmal entsetzte uns dieser chaotische, verkommene Umschlagplatz für die zahllosen Flugverbindungen der Unionshauptstadt mit den asiatischen Weiten des Sowjetreiches. In der Intourist-Lounge, die diesen Namen in keiner Weise verdient, fielen uns die modisch gekleideten vietnamesischen Fremdarbeiter auf, die mit riesigen Warenballen und prallen Koffern über Taschkent nach Hanoi einchecken. Ein paar Offiziere der vietnamesischen Volksarmee mit harten, hageren Gesichtern und ärmlichen Uniformen hielten sich abseits von ihren merkantilen Landsleuten. Eine namenlose Katastrophe hat dieses wakkere Volk heimgesucht, Sieger über die französische Kolonial- und die amerikanische Weltmacht. Jetzt ist Vietnam unter der Fuchtel stalinistischer Greise, die den Wandel in der Sowjetunion mit Ratlosigkeit und wütender Ohnmacht verfolgen, zum Armenhaus Ostasiens verkommen. Für ihre fatale ideologische Fehlentscheidung zugunsten des Marxismus-Leninismus wird das stolze Vietnam nunmehr zur Anpassung, zur Unterwerfung, zum »Kotau« vor dem traditionellen geschichtlichen Erbfeind Hanois gezwungen. Die Nachfolger Ho Chi Minhs stehen im Begriff, wieder Vasallen des chinesischen »Reiches der Mitte« und der roten Mandarine von Peking zu werden.

Die wenigsten Besucher Moskaus sind sich bewußt, daß in der sowjetischen Hauptstadt eine Million Muselmanen leben, darunter 700 000 Tataren, die ihre Sprache recht und schlecht bewahrt haben, auch wenn viele von ihnen, wie die Moskowiter verächtlich bemerken, als Straßenfeger ihr Leben fristen. In der Freitagsmoschee von Moskau, wo sich die Gläubigen im Schatten einer riesigen Olympia-Sporthalle versammeln, ist der Glaube des Propheten lebendig geblieben. Der dortige »Imam-Khatib«, der geistliche Vorsteher der Gemeinde, Ravil Gainutidin, ist ein dynamischer, junger Mann, der in Damaskus den Koran und seine Auslegung studiert hat. Nur die Religion habe den Tataren in Moskau erlaubt, ihre nationale Identität zu bewahren, sagt er mit Nachdruck. Er schickte sich gerade an, eine versprengte Gruppe von tatarischen Muslimen in Litauen aufzusuchen, wo sie sich seit Jahrhunderten niedergelassen haben.

Der Rote Platz in Moskau ist immer wieder beschrieben worden, und uns fiele eigentlich keine Ergänzung ein. Doch bei der Rückkehr von Kazan sieht man ihn vielleicht in einem neuen Licht. Da strahlen nicht nur von den

Türmen des Kreml die orthodoxen goldenen Kreuze, die

den Halbmond durchbohren. Da fällt beim Besuch der Mariä-Himmelfahrt-Kirche, in der die Zaren gekrönt wurden, jenes riesige Fresko auf, wo beim Jüngsten Gericht die frommen, bärtigen Russen ins Paradies eingehen, während die durch Turban und Krummsäbel erkennbaren Tataren und Mohammedaner, wie übrigens auch die westlich gekleideten Polen und Litauer, ins Feuer der Hölle gestoßen werden. Die Basilius-Kathedrale, mit deren Bau Iwan der Schreckliche die Eroberung von Kazan glorifizierte, stelle mit ihren bizarren Kuppeln, so heißt es, die Turbane jener sieben tatarischen Khane dar, die der Zar nach gewonnener Schlacht enthaupten ließ.

Noch vollzog die Kremlgarde vor dem Lenin-Mausoleum ihre roboterähnliche Wachablösung, und die Gaffer waren zahlreich. Aber schon fragten sich die Moskowiter, wie lange dieser Mann aus Simbirsk an der Wolga, wie lange Wladimir Iljitsch Lenin noch in seiner Marmorgruft ruhen wird. Ob dieser Vater der Revolution, dessen Gesichtszüge einen unverkennbar tatarischen Einschlag verraten, wohl bald – seinem ursprünglichen Wunsch gemäß

Die Freitagsmoschee von Moskau, Sammelpunkt für eine Million Muslime, die in der sowjetischen Hauptstadt leben.

– neben seiner deutsch-jüdischen Mutter in Leningrad, richtig gesagt, in Sankt Petersburg bestattet wird?

An einer Ecke des Roten Platzes, gleich neben dem Kaufhaus Gum, steht ein Bauplatz frei. Eine Kirchenmaquette ist dort aufgestellt, und es wird gesammelt für den Neubau eines Gotteshauses, das der wundertätigen »schwarzen Madonna« von Kazan geweiht sein soll. Eine merkwürdige Assoziation drängt sich mir plötzlich auf. Im Frühjahr 1974, im Jahr der portugiesischen »Nelkenrevolution«, war ich zum Marienheiligtum von Fatima gereist und filmte dort die volkstümliche Wallfahrt. Dabei suchte ich auch jene kleine Nebenkapelle im byzantinischen Stil auf, in der eine Replik der Ikone der Gottesmutter von Kazan ausgestellt ist. Angeblich handelt es sich hier um einen Hinweis auf jene Weissagung, die den Kindern von Fatima anläßlich ihrer Marienerscheinung zuteil wurde. Dieser Prophetie zufolge sei die christliche Wiedergeburt, die Rückbesinnung Rußlands auf den wahren Glauben in Gottes Ratschluß enthalten. Der polnische Papst Johannes Paul II., der so gern nach Fatima pilgert, mag sich dabei dieser mystischen Hoffnung hingeben.

Zentralasien

Die Ruhe vor dem Sturm

Im September dieses Jahres überragte in Duschanbe noch eine kolossale Lenin-Statue den gleichnamigen Platz, der kurz zuvor erst in »Platz der Freiheit« umgetauft worden war. Duschanbe ist die Hauptstadt der fünf Millionen Einwohner zählenden Sowjetrepublik Tadschikistan in Zentralasien. Am 9. September, dem Tag nach unserer Ankunft, wehte hier der Wind der Freiheit.

Auch dieses abgelegenste Land des zerfallenden Sowjetimperiums wird von widerstreitenden politischen Tendenzen gebeutelt. Ende September 1991 ist es dort zu einem kommunistischen Gegenputsch gekommen, der in mancher Beziehung an den Staatsstreich gegen Gorbatschow erinnert. Die bereits aufgelöste Kommunistische Partei konnte sich als »Sozialistische Partei« noch einmal behaupten. Sogar der mittlerweile vollzogene spektakuläre Sturz des Lenin-Denkmals wurde nachträglich von den lokalen roten Machthabern als Akt des Vandalismus gerügt. Dennoch wird sich in Tadschikistan der Gang der Dinge nicht aufhalten lassen. Diese Republik, die ihre Unabhängigkeit nicht rückgängig machte, bleibt weiterhin der brodelnde Kern nationalistischer und islamischer Auflehnung in einem neuralgischen Krisenzentrum, das an Afghanistan, an die Volksrepublik China und, nur durch den schmalen Schlauch des Wakhan-Streifens getrennt, an Pakistan grenzt. Unmittelbar nachdem die hartgesottenen Kommunisten geglaubt hatten, mit Hilfe des »Stagnations«-Politikers Nabijew das Rad der Geschichte noch einmal zurückgedreht zu haben, war das Volk auf die

Linke Seite:
»Allah ist mit
den Standhaf-
ten.«

Straße gegangen. Aus Sankt Petersburg war sogar Bürgermeister Anatoli Sobtschak nach Duschanbe geeilt, um im Namen der russischen Staatsräson den Rückfall Tadschikistans in die verpönte Unterdrückungspraxis zu verhindern. Die Kraftprobe geht weiter, aber die rote Willkür nähert sich ihrem Ende.

An jenem 9. September 1991 war eine Sitzung des Obersten Sowjet von Tadschikistan einberufen worden. Gleichzeitig sollte eine Großkundgebung der Opposition stattfinden, die bereits die Auflösung der Kommunistischen Partei und die Beschlagnahmung des Parteivermögens forderte. Die tadschikischen Abgeordneten, in relativ gut geschneiderte europäische Anzüge gekleidet und mit den roten Abzeichen sowjetischer Würdenträger ausgezeichnet, gingen selbstbewußt auf die Portale der Volksvertretung zu, deren Deputierte jedoch keineswegs aus freien Wahlen hervorgegangen waren und dem alten System mehrheitlich verhaftet blieben. Auch der dramatische Umsturzversuch in Moskau hatte daran nichts geändert und dürfte sogar die unverbesserlichen Hardliner in ihren autoritären Methoden bestätigt haben. Unser örtlicher Betreuer Jurij zeigte sich an diesem Morgen überaus nervös und eingeschüchtert. Er hatte uns am Vortag bereits von Ausschreitungen gegen die in Tadschikistan siedelnden Europäer, insbesondere auch gegen die dortigen Russen, berichtet. Die in Duschanbe lebenden Juden und Deutschen hatten ohnehin ihre Auswanderung nach Israel bzw. nach Deutschland längst eingeleitet. Nun begann der große Exodus der Slawen.

Der Zugang zum Obersten Sowjet wurde uns verweigert, und die wenigen Abgeordneten, deren wir habhaft wurden, versicherten uns, die Protestkundgebung jenseits des Lenin-Monuments sei abgeblasen und werde nicht stattfinden. Ich hatte sie aber bereits entdeckt, die bärtigen Männer mit der schwarzen oder grünen Tupeteika, der Nationaltracht der Tadschiken und der Usbeken. Sie sammelten sich mit zusammengerollten Banderolen in den Parkalleen des »Platzes der Freiheit« und beratschlagten wie Verschwörer. Aussehen und Aufmachung nach zu

schließen, gehörte wohl die Mehrzahl dem islamischen Flügel des Widerstandes an. Ihre Transparente trugen neben den kyrillischen Buchstaben, die von Stalin zwangsweise zur Niederschrift der tadschikisch-iranischen Sprache eingeführt worden waren, auch zahlreiche Protestparolen in der herkömmlichen arabischen Schrift.

Um jedes Mißtrauen von Anfang an zu zerstreuen, näherte ich mich den Demonstranten mit ein paar arabischen Begrüßungsformeln, und sehr bald stellten sich zwei junge Männer ein, die der koranischen Hochsprache halbwegs mächtig waren. Um vollends sicherzugehen und auch um einen Test vorzunehmen, zog ich jene Fotografie hervor, die mich an der Seite des verstorbenen Ayatollah Khomeini zeigt. Von nun an galt ich plötzlich als Freund und Gefährte. Mit Ausrufen der Begeisterung wurde die Darstellung Khomeinis herumgereicht und geküßt. Ein bärtiger Hüne bat mich inständig, ihm diese Darstellung des heiligen Mannes zu überlassen.

Noch am Tage zuvor hatte man uns von russischer und tadschikischer Seite versichert, der Kontakt mit der offiziell verbotenen islamischen Partei »Nahda«, auf deutsch

Das Transparent verkündet unter dem Glaubensbekenntnis auf arabisch, daß die Kommunisten Feinde Allahs sind.

171

»Erwachen«, sei so gut wie unmöglich. Jetzt waren wir von Anhängern dieser Bewegung wohlwollend umringt. Ihr Vorsitzender Mohammed Scharif wies zwei stämmige Männer mit grünen Armbinden an, uns für den weiteren Verlauf des Tages als Leibwächter abzuschirmen. Gleichzeitig wurde uns erklärt, daß die muselmanische Wiedergeburtsbewegung »Nahda« auch in anderen Teilrepubliken der früheren Sowjetunion tätig sei, so in Usbekistan und im Kaukasus natürlich, mit kleinen Minderheiten sogar bis nach Weißrußland hinein. Den islamischen Prinzipien gemäß könne eine solche Vereinigung der Rechtgläubigen nicht national begrenzt sein, sondern müsse auf die gesamte islamische Gemeinschaft, die »Umma«, hinzielen. Der letzte Kongreß der »Nahda« hat beispielsweise in Astrakhan, an der Mündung der Wolga ins Kaspische Meer, stattgefunden.

Vor dem Lenin-Denkmal hatten sich inzwischen ein paar tausend Menschen versammelt. Auch die Demokratische Partei war vertreten, die vom Justizministerium Tadschikistans immerhin zugelassen war, sowie eine Sammelbewegung, deren Name »Rastakhiz – Wiedergeburt« auf seltsame Weise an die verflossene Einheitspartei des letzten Schah von Persien und dessen vergebliche Weiße Revolution erinnerte.

Ein paar Tage zuvor hatte ich die Demokratische Partei Tadschikistans in ihrem unscheinbaren, flachen Gebäude, gleich neben einem afghanischen Schwarzmarkt gelegen, aufgesucht. Hier stieß ich auf eine ganz andere Kategorie von Oppositionellen als bei den islamischen Aktivisten. Die Demokratische Partei war stolz darauf, daß sie sich überwiegend auf Intellektuelle, Schriftsteller und Prominente stützte. Ihr war sogar eingeräumt worden, eine eigene Zeitung unter der Überschrift »Adolat«, das heißt »Gerechtigkeit«, herauszugeben. Wohl um ihre Verwurzelung im iranischen Volkstum zu unterstreichen – die Tadschiken sind bekanntlich sunnitische Perser –, hatten sie sich als Motto ein Zitat der Awesta zugelegt: »Gute Worte, gute Absichten, gute Taten«, lautet dieser zahme Rückgriff auf das Gedankengut Zarathustras. Im Büro der

Demokratischen Partei wurde heftig diskutiert. Man war zwar bereit, dem Islam wieder seine vollen religiösen Rechte einzuräumen, aber eine politische Rolle wie im Iran sollten die Mullahs in Tadschikistan niemals an sich reißen können.

Um ihre Verbundenheit mit den Reformern in Moskau zu unterstreichen, hatten die »Demokraten« ein großes Plakat mit dem Bild Boris Jelzins an die Wand geheftet, der als Vorbild verehrt wurde. Diese gemäßigte Gruppe von laizistischen Liberalen sah der Auseinandersetzung mit den »Betonköpfen« des früheren Regimes mit bangen Erwartungen entgegen. Man erinnerte sich zu gut an den 12. Februar 1990, als eine Freiheitsdemonstration vor dem Zentralkomitee durch Scharfschützen der Sicherheitsorgane ins Visier genommen wurde und dreißig unbewaffnete Teilnehmer den Tod fanden. Der damalige kommunistische Präsident Tadschikistans, Kakhor Machkamow, hatte trotzdem zurücktreten müssen, weil er – ein ungeheuerlicher Vorgang selbst für deklarierte Kommunisten in Zentralasien – sich öffentlich vom koranischen Glauben abgewandt und zum Atheismus bekannt hatte. Kakhor

Sowjetische Truppen des Innenministeriums gehen im Februar 1990 gegen Demonstranten in Duschanbe vor.

173

Machkamow, der die tadschikische Sprache nur fehlerhaft beherrscht, hatte sich bei der blutigen Repression vom Februar 1990 auf die persönliche Beratung durch den ehemaligen sowjetischen Innenminister Boris Pugo gestützt, der nach dem Scheitern des Putsches gegen Gorbatschow Selbstmord verübte. Nun war Kakhor Machkamow in der Versenkung verschwunden, aber er hatte die Waffe der autoritären Parteiherrschaft offenbar an zuverlässige Gleichgesinnte weitergereicht.

Kehren wir zurück zur Kundgebung des 9. September 1991 und den Sprechchören, die nach Einschalten der Lautsprecheranlage den versammelten Deputierten des Obersten Sowjet um die Ohren dröhnten. Die Kommunistische Partei habe die »Junta« von Moskau unterstützt, klagten die Redner an, die sich auf der Marmortribüne vor dem Lenin-Denkmal ablösten. Kunterbunt durcheinander werden Freiheit, Demokratie, Unabhängigkeit Tadschikistans, Glasnost und Islam mitsamt der Wiedereinführung der koranischen Gesetzgebung gefordert. Auf einem Transparent der Demokraten steht zu lesen: »Boris Nikolajewitsch [gemeint war Jelzin], wir verbeugen uns vor dir.« Andererseits wird verlangt, daß Tadschikistan zur arabischen Schrift zurückfinde und die Scheidung vom Sozialismus endgültig und radikal vollziehe.

Während des Palavers zwischen den Abgeordneten im Obersten Sowjet und der Kundgebung, die durch Entsendung von Delegationen in Gang gehalten wird, kommt das Gerücht auf, die orthodoxen kommunistischen Parteimitglieder hätten auf dem »Platz zum achthundertjährigen Jubiläum Moskaus« eine Gegendemonstration organisiert. Unser aserbeidschanischer Fahrer, der uns in Eile dorthin fährt, bemerkt dazu: »Auf der einen Seite versammeln sich die Hungrigen, auf der anderen die Satten.« Aber die »Satten« haben das Risiko gescheut. Der »Platz zum achthundertjährigen Jubiläum Moskaus« liegt verlassen unter schönen schattigen Bäumen. An der weißen klassizistischen Theaterfront, die den kleinen Park beherrscht, ist die Aufführung der »Pique Dame« von Tschaikowski annonciert.

Auf dem ehemaligen Lenin-Platz ist jetzt ein feierlicher, etwas düsterer Gesang zu hören. Ein Vorsänger trägt die Strophen vor, und die Menge fällt in den Refrain inbrünstig und textkundig ein. Es handelt sich um ein Gedicht des indisch-muslimischen Dichters Mohammed Iqbal, der zu den Vorkämpfern der pakistanischen Staatsgründung gehört. Damals war diese Hymne gegen die britische Kolonialherrschaft gerichtet:

»Erwache aus dem tiefen Schlaf wie eine Narzisse«, beginnt das Lied, ». . . verscheuche die Traurigkeit, steh auf. . . Der Osten ist wie eine Straße im Nebel, der Osten ist so still, daß sein Atem kraftlos wird, aber der Boden wartet hier auf seine Befreiung. . . Erwache aus dem tiefen Schlaf, erwache, erwache, erwache.« Weiter heißt es: »O Allah, errette mich von den süßen, trügerischen Einflüsterungen des Westens, errette mich von der Ungerechtigkeit. . . Die ganze Welt liegt in Schutt und Asche. Die Untaten der Fremdlinge haben alles verwüstet. . . Erhebe dich und greife zum Schwert.«

Die Hymne scheint der Menge wohlvertraut zu sein, denn sie wird harmonisch, in düsterem Rhythmus von der

Bei den Kundgebungen für die Unabhängigkeit Tadschikistans ist es zu hohen Blutopfern gekommen.

175

Ein islamischer Prediger macht Front gegen das Gebäude des Obersten Sowjet.

Kundgebung aufgenommen. Möglicherweise ist diese antikolonialistische Dichtung früher den tadschikischen Schülern und Jungpionieren von ihren kommunistischen Lehrmeistern beigebracht worden, um ihren Kampf gegen den europäischen Imperialismus zu motivieren und zu entfachen. Jetzt kommt diese Botschaft jedoch wie ein Bumerang auf die Russen zurück, die bislang offenbar gar nicht bemerkt haben, daß sie in den unendlichen Weiten Zentralasiens das letzte europäische Kolonialreich zu behaupten suchen.

Je weiter die Zeit voranschreitet und sich die Stimmung auf dem »Platz der Freiheit« aufheizt, desto stärker drängen sich die Islamisten oder Fundamentalisten in den Vordergrund. Ein fanatisch blickender Imam löst den Jubel der Massen aus, als er zu einer flammenden Rede gegen den Kommunismus ausholt. Der Islam sei die wahre Demokratie, so wird hier verkündet, und das koranische Gesetz, die »Scharia«, sei ein unersetzliches Instrument, um Sitte und Tugend wiederherzustellen. Junge Leute halten ein riesiges Plakat hoch, auf dem in arabischer Sprache die Kommunisten als »Feinde Allahs« bezeichnet werden.

Plötzlich kommt es zur Sensation des Tages. Die Masse brüllt vor Begeisterung. Aus dem Obersten Sowjet wird bekanntgegeben, daß die Deputierten die Unabhängigkeit der Republik Tadschikistan endlich ausgerufen haben. Allerdings weigern sich die »Volksvertreter« noch, die eigene Partei lahmzulegen und vor allem deren Besitz preiszugeben. Aus der Stadt sind Frauen und Kinder mit großen Körben gekommen, um Brot und Früchte zu verteilen. Jetzt erst öffnet sich das schwere Messingtor des Parlaments. Einzelne Abgeordnete gehen über den früheren Lenin-Platz durch ein Spalier klatschender Menschen, um sich mit der Demonstration zu solidarisieren. Gewiß sind da einige »Wendehälse« auf dem Weg in eine Opposition, die nunmehr keine Gefahren mehr in sich zu bergen scheint. Sogar Offiziere in sowjetischer Uniform stellen sich neben den Führern des militanten Islam auf, und ein bekannter tadschikischer Sänger, der vom früheren Regime hoch geehrt wurde, stimmt ein Loblied auf die wiedergewonnene Freiheit an.

Inzwischen spricht sich herum, daß der Oberste Sowjet eine Resolution verabschiedet habe, wonach tadschikische Soldaten der sowjetischen Streitkräfte nicht mehr außerhalb ihrer Republik ihren Wehrdienst ableisten sollen. Zur Aufstellung einer eigenen Nationalgarde hat man sich allerdings noch nicht durchgerungen.

Auf der Rednertribüne löst am späten Nachmittag die Ankunft der höchsten islamischen Persönlichkeit Tadschikistans erhöhte Spannung aus. Der Qadi von Duschanbe, Akbar Turadzhon-Zoda, verleiht der Veranstaltung eine religiöse Weihe. Gleichzeitig rät er zur Mäßigung. Dieser relativ junge Mann, er mag vierzig Jahre alt sein, hat nach dem Koranstudium in Bukhara und Taschkent eine islamische Hochschule im Haschemitischen Königreich Jordanien absolviert. Auf geschickte Weise hat er jede Korrumpierung durch das frühere Regime vermieden.

Ein paar Tage zuvor hatte ich den Qadi in seiner prächtig restaurierten Moschee aufgesucht und ein längeres Gespräch mit ihm geführt. Er drängte auf die totale Unabhängigkeit Tadschikistans und auf die Ausschaltung der

Kommunisten. In seiner Freitagspredigt hatte er in schneeweißer Gewandung: weißer Kaftan, weißer Turban, weiße Schuhe und sogar weiße Seidensocken, auf der Kanzel, dem reichgeschmückten »Minbar«, Platz genommen und zu den faszinierten Gläubigen sämtlicher Altersgruppen gesprochen. Die Kommunisten hätten in der Vergangenheit alles diktiert, sie hätten jegliche menschliche Regung unterdrückt, sie seien angetreten, um das geistliche Erbe des Islam mit ihrer militanten Gottlosigkeit zu vernichten. Doch diese demütigende Unterordnung sei zu Ende. Die frommen Muselmanen stünden im Begriff, den Sieg über die heimtückischen Feinde – er nannte sie »Duschmanen« – davonzutragen. Der Koran biete die Garantie dafür, daß alle Menschen Brüder seien.

Diese Frage der brüderlichen Beziehungen aller Einwohner Tadschikistans beschäftigte Qadi Turadzhon-Zoda besonders schmerzlich. Im benachbarten Usbekistan war es im Vorjahr zu blutigen Ausschreitungen unter Muslimen gekommen. Im Fergana-Becken hatten regelrechte Pogrome gegen völkische Minderheiten stattgefun-

Qadi Turadzhon-Zoda bei der Freitagspredigt.

den. Diese Ausschreitungen waren um so skandalöser, als sie sich gegen fromme sunnitische Gläubige richteten, insbesondere gegen die kaukasische Minderheit der Meskheten, die aus dem heimischen Georgien wegen Kollaboration mit den Deutschen von Stalin nach Zentralasien deportiert worden waren. Angeblich hatte eine wirtschaftliche Bevorzugung dieser Zuwanderer den Ausschlag gegeben, aber in Wirklichkeit vermutete der Qadi hinter diesem unverzeihlichen Massaker die konspirative Hand des Moskauer Zentrums und seiner skrupellosen Sicherheitsorgane. Wieder einmal sollte durch die Aufhetzung unterschiedlicher, aber verwandter Bevölkerungsgruppen bewiesen werden, daß die neuen unabhängigen Republiken nicht auf eigenen Füßen stehen, daß sie keine Toleranz üben, daß sie ihre Sezession nicht überleben könnten.

Ähnlich stand es wohl um jene Konflikte, die zwischen Usbeken und Kirgisen in demselben Fergana-Becken ausbrachen, als Teile dieser turksprachigen Völkerschaften wegen eines lokalen Streits um das Bewässerungssystem in blutige Ausschreitungen verwickelt wurden. Der Qadi war überzeugt, daß die von Stalin willkürlich und sinnlos gezogenen Grenzen in Zentralasien darauf angelegt waren, die diversen muslimischen Völkerschaften gegeneinander aufzuhetzen. So ermahnte er seine Gläubigen immer wieder, insbesondere an dem guten Zusammenleben von iranischen Tadschiken und turksprachigen Usbeken nicht zu rütteln und die seit Jahrhunderten andauernde gegenseitige Durchdringung dieser beiden Kulturen nicht in Frage zu stellen. Am Ende, so beteuerte Turadzhon-Zoda, sei nur der Islam in der Lage, die vom bolschewistischen Westen wie ein Gift nach Zentralasien verpflanzte Doktrin des Nationalismus zu überwinden und ein harmonisches Verhältnis zu garantieren.

An dieses Gespräch muß ich denken, als gegen Abend die Kundgebung auf dem »Platz der Freiheit« ihrem feierlichen Höhepunkt zustrebt. Der Muezzin hat zum Abendgebet gerufen. Die Anwesenden vor der gewaltigen Lenin-Statue suchen die Richtung der heiligen Stätten von Mekka und verbeugen sich nach Westen. »Allahu akbar«,

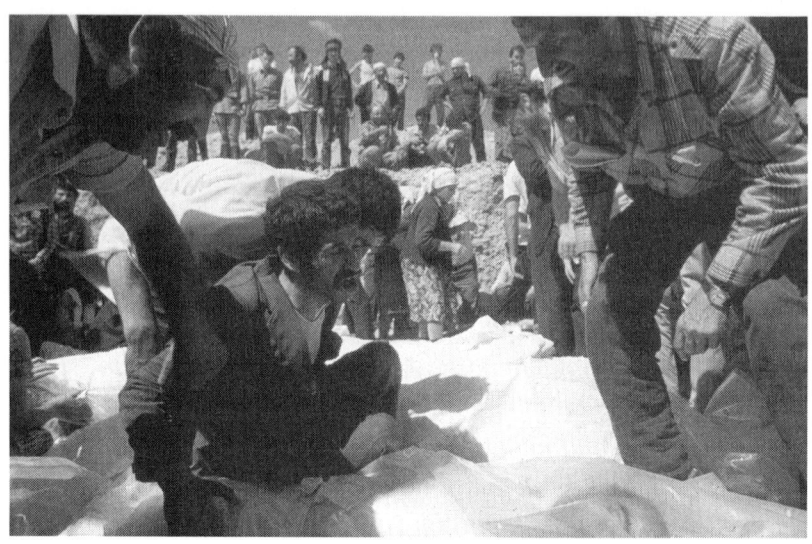

Im Juni 1989 wurde die kaukasische Minderheit der Meskheten durch den usbekischen Mob an Leib und Leben bedroht.

hallt es über den Platz, und immer wieder wird das Bekenntnis vorgetragen, daß es außer Allah keinen Gott gibt, daß Mohammed sein Prophet ist.

Mochte die kommunistische Reaktion – mit Hilfe russischer Spezialisten der diversen Sicherheitsdienste, mit Hilfe der Schlägertruppe Omon des Innenministeriums –, mochte die roten Potentaten, die um ihre Entmachtung bangen, auch noch manchen spitzen Pfeil im Köcher haben; an diesem Abend habe ich das Gefühl, daß nicht nur die Unabhängigkeit Tadschikistans ausgerufen worden ist, sondern daß dieses Land auf eine islamische Republik zusteuert, daß der Gottesstaat nicht mehr fern ist. Die malerischen Patriarchengestalten im buntgestreiften Seidenmantel, die bei der Verbeugung nach Mekka den Steinboden des einstigen Lenin-Platzes mit der Stirn berühren, sind die direkten Nachkommen der »Basmatschi«, jener Widerstandskämpfer, die hier bis zum Jahre 1932 unter ihrem Führer Ibrahim Beg das letzte Karree der Rechtgläubigen verteidigten, ehe ihr frommer Widerstand in der Flut der roten Gottlosigkeit scheinbar unterging.

180

In Tadschikistan werde ich wieder einmal über die Selbstherrlichkeit und relative Isolation frappiert, in die sich die Intellektuellenschicht zurückgezogen hat. Die tadschikischen Professoren, Schriftsteller und Journalisten sind durchaus keine krampfhaften »Wendehälse«, die sich der neuen Sachlage angepaßt haben. Ein Teil von ihnen ist vor der Gefahr der Inhaftierung und der Benachteiligung im Berufsleben nicht zurückgewichen. Aber ihre Ideale von Demokratie, politischem Pluralismus und humanitärer Gerechtigkeit sind oberflächlich aus dem Westen entliehen und passen nicht in dieses harte, altertümliche Land und seine orientalischen Strukturen. Da verhielten sich im Grunde die örtlichen Kommunisten realistischer, als sie sich mit Moskaus Segen als »rote Khane« bestätigen ließen und sich auf die angestammten, tief verwurzelten Clan- und Sippenbindungen stützten. Die demokratischen Intellektuellen wirken bereits wie potentielle »Kerenskis«, die eines Tages von einer breiten Volksbewegung dahingefegt werden könnten.

Sehr unterschiedlich ist die Reaktion der Demokraten auf das Aufkommen islamischer Frömmigkeit, die bis zur enthusiastischen Verehrung der Erweckerfigur Ayatollah Khomeini reicht, obwohl der Gründer der Islamischen Republik Iran dem schiitischen Glaubenszweig angehörte. Die einen versuchen, die offensichtliche Bedrohung herunterzuspielen, faseln von perfekter Harmonie der Völkerschaften und Konfessionen, schließen die Augen vor der brodelnden Realität. Die anderen hingegen sind von Panik ergriffen, übertreiben scheinbar die Gefahr. Ihnen reicht es nicht aus, daß im KGB-Bunker im Herzen der Stadt die grünbemützten Sonderkommandos der Grenztruppen und die Schläger der Omon-Sondertruppe zum Einsatz bereitstehen und nur auf die Gelegenheit zur Intervention lauern.

Die verängstigten Fremden in Tadschikistan, Russen, Juden und Deutsche, verweisen darauf, daß es bei den blutigen Ereignissen des Februar 1990 zu tätlichen Angriffen auf Nicht-Tadschiken gekommen sei, daß man sogar junge Studentinnen gezwungen habe, vorübergehend den

Schleier zu tragen. Unser Betreuer Jurij gehört der verstörten Kategorie an. Er hat anscheinend nichts anderes im Sinne, als möglichst bald diesem heißen Boden zu entrinnen. Doch die Unterkünfte sind selten und dürftig im heimischen Rußland. Die Transportkapazität der Eisenbahn reicht bei weitem nicht aus, um den Slawen, die in Tadschikistan noch sechs Prozent der Gesamtbevölkerung ausmachen dürften, die Rückführung ihrer bescheidenen Habe zu ermöglichen.

Eine gedrückte Stimmung finden wir auch in der katholischen Sankt-Josefs-Pfarrei vor. Sie wird fast ausschließlich von Nachkommen jener rußlanddeutschen Familien aufgesucht, die 1941 aus der Wolga-Republik und aus der Ukraine nach Asien verschleppt wurden. Insbesondere die Kinder haben ein durchaus deutsches Aussehen bewahrt, und die Familien bemühen sich, unter der Leitung ihres Priesters möglichst viel von ihrem ererbten Kulturgut über die lange Zeit der Zwangsrussifizierung hinüberzuretten. Dem Pfarrer Hieronymus Messmer stehen vier Nonnen von der Gemeinschaft der Schwester Teresa zur Seite, zwei Inderinnen und zwei Polinnen im weiß-blauen Sari.

Ein Teil der Wechselgebete und auch die Kirchengesänge finden noch auf deutsch statt. Die wenigen Männer, die in der Lage sind, sich in der angestammten Muttersprache fließend auszudrücken, machen aus ihren Absichten keinen Hehl. Sie wollen nicht in eine hypothetische neue Wolga-Republik, wo sie unweigerlich in Konflikt mit den russischen Landbesitzern geraten würden. Sie wollen nach Deutschland, in eine Heimat, die ihre Vorfahren zur Zeit der Großen Katharina verlassen haben. Vielleicht übertreiben sie die Ungewißheit ihrer Zukunft im unabhängigen Tadschikistan. Aber ihren Beteuerungen zufolge ist hier für die Deutschen – ebenso wie für die Russen – langfristig kein Platz mehr. »Uns hält hier nichts mehr«, höre ich von allen Seiten. Fast jeder hat bereits einen Verwandten in der Bundesrepublik. Im übrigen rechnet man mit einer islamischen Machtergreifung in Tadschikistan bis zum Jahre 1995.

Die Republik Tadschikistan ist geradezu dafür prädestiniert, Schnittpunkt widerstreitender geostrategischer Interessen zu sein. Eine Yak-40-Maschine hat uns von Duschanbe nach Chorog im Hochland von Pamir transportiert. Der atemberaubende Flug geht an siebentausend Meter hohen schnee- und gletscherbedeckten Berggiganten vorbei. Der höchste heißt »Pik Kommunismus«, und dahinter taucht der »Pik Lenin« auf. Schon fragt man sich, wann hier die Umbenennung fällig ist. Im Pamir ist nicht nur der Afghanistan-Krieg zum Greifen nahe. Auch das »Reich der Mitte« hat seine Ansprüche auf das »Dach der Welt« angemeldet. Peking läßt ganz bewußt gewisse Grenzstreitigkeiten mit dem maroden Sowjetimperium weiterglimmen.

In Chorog befinden wir uns in der Hauptstadt der Autonomen Region Berg-Badaghschan, die teilweise von tadschikischen Ismailiten und, in den entlegensten Tälern, von Kirgisen bevölkert ist. Nachdem wir die trostlosen Plakate hinter uns gelassen haben, die das Städtchen Chorog weiterhin im Sinne des dümmlich triumphierenden sozialistischen Realismus verunstalten, haben wir auf der Gebirgsstrecke zum Kajtezek-Paß in etwa dreitausend Meter Höhe eine seltsame Begegnung. Wir werden zur Zufluchtstätte des Fünften schiitischen Imam Mohammed Baqr geführt, der im 8. Jahrhundert unserer Zeitrechnung in dieser grandiosen Abgeschiedenheit des Pamir Schutz vor seinen sunnitischen Verfolgern suchte. Heute wird diese Weihestätte von den gläubigen Ismailiten, die das gesamte Tal besiedeln, mit besonderer Andacht verehrt. Normalerweise wird kein Andersgläubiger zugelassen. Die ismailitische Gemeinschaft gehört nominell dem schiitischen Glaubenszweig des Islam an, verehrt jedoch nur sieben Imame, deren letzter, der Imam Ismail, in der Person des Aga Khan immer wieder auftritt.

Durch einen seltsamen Zufall haben wir das Vertrauen dieser abgeschlossen lebenden und vielfach verfolgten Sekte erworben. Unser Kameramann Wolfgang Kleist hatte vor vielen Jahren das derzeitige Oberhaupt oder, wie wir hier hören, den »lebenden Gott« der Ismailiten, Karim

Aga Khan, in Kenia begleitet. Er holt eine Fotografie hervor, die ihn neben dem Aga Khan zeigt und sogar eine Widmung dieses religiösen Oberhauptes trägt. Die Ismailiten sind vom Anblick des »Unsterblichen«, wie sie ihn nennen, zutiefst ergriffen, küssen sein Bild ohne Unterlaß und drücken es huldigend gegen ihre Stirn. Es sind arme Gebirgsbauern, die mit ihren Herden ein karges Auskommen auf den Höhen des Pamir finden. Es herrscht ein harmonisches, fast idyllisches Verhältnis unter diesen einfachen Menschen, die sich von ihrem »Khalifa«, einer Art ismailitischem Mullah, in ihrer seltsamen Lehre unterweisen lassen. Hier sind offenbar islamische Glaubenssätze mit hinduistischen Wiedergeburtsvorstellungen auf bizarre Weise vermischt worden.

Die Sunniten von Duschanbe sind auf die ismailitischen »Ketzer« nicht sonderlich gut zu sprechen, während sie die Zwölfer-Schiiten, die der Khomeini-Revolution ihren Impuls verliehen haben, durchaus als rechtgläubige Mohammedaner gelten lassen. Schon befürchtet man auf den Höhen des Pamir, daß mit dem Entstehen einer islamisch orientierten Republik Tadschikistan auch eine Zeit neuer

Im Hochland von Pamir führen die Ismailiten das karge Leben von Gebirgsbauern.

185

Mißachtung und Verfolgung für die kleine ismailitische Gemeinde einsetzen könnte.

Über tausend Kilometer lang grenzt Tadschikistan an Afghanistan. Wir sind über eine gut asphaltierte Straße nach Roschan gefahren. Die afghanische Provinz Badaghschan liegt jenseits des reißenden, grünen Grenzflusses Gunt zum Greifen nahe. Wir stehen noch unter dem Eindruck unserer Begegnung mit den Ismailiten und unterhalten uns über das seltsame Schicksal dieser versprengten Sekte und ihren »lebendigen Gott«. Die Gläubigen des Pamir haben ihr Heiligtum – die Fluchtstätte des Fünften Imam – nach deren Verwüstung durch die Kommunisten unter großen Opfern wiederaufgebaut und geschmückt. Nun darben sie weiter in ihrem kärglichen Hirtendasein wie vor tausend Jahren. Unterdessen huldigt ihr geistliches Vorbild, der Aga Khan, als Lebemann vornehmen britischen Stils dem Müßiggang zwischen der Jet-set-Gesellschaft der Costa Esmeralda und seinen Gestüten in Irland.

Mit der Nähe Afghanistans holt uns die rauhe politische Gegenwart ein. Gewiß eignen sich diese schroffen Gebirge nicht zur massiven Infiltration durch kämpferische Mudschahidin. Doch selbst an den schroffsten Hängen entdecken wir kümmerliche Getreidefelder, die die afghanischen Bergbauern in halsbrecherischer Arbeit beackern. Eine unüberwindliche Barriere bildet die Felslandschaft also nicht. Auf der Seite der Sowjetrepublik Tadschikistan erscheint die Grenzsicherung relativ bescheiden. Zwar sind die Männer der Spezialeinheiten, bislang dem KGB unterstellt, noch überall zu sehen. Sie haben an strategischen Punkten ihre Beobachtungstürme errichtet. Doch eine hermetische Abschirmung gibt es jetzt nicht mehr zwischen dem afghanischen Krisenherd und jener weiten Region, die noch vor kurzem »Sowjetisch-Zentralasien« hieß.

Während ich auf das afghanische Ufer blicke, wo armselige Bauern unter dem Gewicht riesiger Heuballen schier zusammenbrechen, wo es weder Elektrizität noch fließendes Wasser gibt wie auf der ehemals sowjetischen Seite, kommt mir die Erinnerung an jene Partisanen des »Heiligen Krieges«, mit denen ich im Sommer 1981, von Pakistan kommend, nach Afghanistan eingeritten war. Die Truppe des Kommandeurs Abd-el-Wadud setzte sich aus Tadschiken und Usbeken zusammen, also Angehörigen von Völkerschaften, die auf sowjetischer Seite in gleichnamigen Räterepubliken lebten. Die kühnen Männer des Abd-el-Wadud – der Partisanenführer ist drei Jahre später im Kampf gegen die Russen in der Provinz Takhor gefallen – hatten damals nur eine Idee im Kopf: nicht etwa die Wiederherstellung eines afghanischen Königreichs, sondern den Sieg des Islam über die Gottlosen auch jenseits jener künstlichen Grenze, die die zaristische Kolonisation einst gezogen, die die Sowjetmacht dann zementiert hatte.

Etwa fünf Millionen Tadschiken – mehr als in der Republik Tadschikistan – leben in den Nordostprovinzen Afghanistans. Ihnen stehen bereits kriegserprobte Führer zur Verfügung, darunter Ahmed Schah Massud, den man den »Löwen von Pandschir« nennt. Ihn haben die sowjetischen »Spetsnaz« nie bezwingen können, und sein Prestige ist groß bei den Gläubigen von Duschanbe. Kein Zweifel, daß die Grenzen in Zentralasien sich verschieben, sich radikal verändern werden, wenn einmal die Stunde der schrankenlosen Freiheit, der territorialen Neuordnung und leider vielleicht auch der gewalttätigen Anarchie schlägt.

Deshalb geht in Tadschikistan bei manchen besonnenen Politikern schon die Überlegung um, ob die Figur des jungen Hadschi Akbar Turadzhon-Zoda, eines Mannes anerkannter islamischer Frömmigkeit und bemerkenswerter Toleranz, nicht geeignet wäre, eines Tages die vielfältigen Gegensätze und latenten Feindschaften zu überbrücken, um am Rande des »Daches der Welt« zu einer neuen Form theokratischer Ordnung überzuleiten.

*

In den zehn Jahren seit meinem letzten Besuch hat sich Taschkent, die Hauptstadt Usbekistans, gewaltig entwickelt und ausgedehnt. Hier haben wir es mit der wahren

Metropole Zentralasiens zu tun, und es ist nur eine Frage der Zeit, bis diese Ballung von mehr als 2,2 Millionen Menschen machtvoll auf die übrigen Regionen ausstrahlt. In Duschanbe, der Hauptstadt Tadschikistans, waren die Häßlichkeit der sowjetischen Stadtplanung, die Unzulänglichkeit der verwendeten Materialien, der Zerfall der alten Bausubstanz durch die Anpflanzung dichter Baumalleen und Hecken oder die Anlage recht idyllischer Parks abgemildert und verdeckt worden. Taschkent hingegen trägt mit seinen breiten Schnellstraßen, seinen Wolkenkratzern, die sich um einen originell orientalischen Stil bemühen, mit den Gedenkstätten des verflossenen Sowjetregimes, die hier ins Gigantische auswuchern, eine irgendwie imperiale Grundstimmung zur Schau. Im Abendlicht hat der Besucher sogar das Gefühl, in eine der riesigen Städte des Fernen Ostens versetzt zu sein.

Liegt es an der koreanischen Minderheit, die rund um Taschkent lebt und die durch einen seltsamen Zufall der Geschichte hierhin verschlagen wurde? Die Republik Usbekistan bemüht sich krampfhaft um Wirtschaftsbeziehungen zu Südkorea. Man munkelt sogar, daß das autoritäre, aber effiziente Regime von Seoul die roten Parteiführer Zentralasiens, die nach neuen Modellen suchen, außerordentlich fasziniert.

Auch in Taschkent ist der frühere Lenin-Platz in »Platz der Freiheit« umbenannt worden. Es gibt wohl doch geheime kommunizierende Röhren zwischen den ehemaligen Sowjetrepubliken in Mittelasien. Das gewaltige Paradeareal vor der gigantischen und triumphalen Bildsäule des Vaters der bolschewistischen Revolution liegt heute einsam und verwaist da. Vor zehn Jahren marschierten hier noch Gruppen von Jungpionieren auf und legten Kränze am Ehrenmal für die Toten des Zweiten Weltkrieges nieder. Es handelte sich da im wesentlichen um Knaben und Mädchen russischer Nationalität, die in knappen kurzen Hosen – reichlich anstößig in den Augen der Muselmanen – im Parademarsch einherstolzierten und ein Grußzeremoniell absolvierten, das an rheinische Karnevalsrituale erinnerte.

Der Spuk der klassenbewußten »Funkenmariechen«
von Taschkent ist verflogen. Die Stadt, so scheint mir, ist
in der vergangenen Dekade viel asiatischer geworden.
Noch sind fünfzig Prozent der Einwohner Europäer. Aber
dieses slawische Element befindet sich offenbar auf dem
Rückzug, steht unter dem Druck einer ungeheuren demographischen Expansion der Einheimischen. In den diversen Republiken Zentralasiens verdoppelt sich oft die
Bevölkerungszahl binnen zehn Jahren. In mancher Beziehung erinnert mich gerade Usbekistan an die algerischen
Départements während der letzten Phase der französischen Kolonialpräsenz. Auch Algier ist ja einmal zu fünfzig Prozent von Franzosen bevölkert gewesen, und in ganz
Nordafrika hatte sich der Stempel der französischen Zivilisation scheinbar unwiderruflich aufgepreßt.

Im modernen Zentrum, inmitten der Verwaltungshoch-
häuser aus Beton und Glas, am Rande der im dichten
Verkehr brausenden Transversale, hat die alte islamische
Medressa Kucheldasch die Anfeindungen des Modernismus und auch das schreckliche Erdbeben überstanden, das
die Altstadt von Taschkent dem Erdboden gleichgemacht

*Mit 2,2 Millio-
nen Einwoh-
nern ist Tasch-
kent die Metro-
pole von ganz
Zentralasien.*

Oben: Die Kucheldasch-Koranschule wurde nach Jahrzehnten der Entfremdung ihrer sakralen Bestimmung wieder übergeben.

Rechts: Der Koran des Osman, des dritten Kalifen. Bei der Lektüre des heiligen Buches wurde der Kalif ermordet.

hat. Aus der Koranschule hatte das Regime ein Museum gemacht, und um die Entweihung auf die Spitze zu treiben, ist an die ehrwürdige Backsteinmauer der einstigen Moschee ein schäbiges Modegeschäft geklebt worden, wo weibliche Unterwäsche zweifelhafter Qualität zum Verkauf aushängt. Zeichen der veränderten Zeit: Beim Betreten von Kucheldasch werden wir von jungen bärtigen Männern streng darauf verwiesen, daß dieser Ort kein Museum mehr und deshalb neugierigen Touristen verschlossen sei. Erst das Murmeln der Formel »Bismillah rachman rachim – Im Namen Gottes, des Gnädigen, des Barmherzigen« ruft eine Sinneswandlung bei den Wächtern hervor, und sie erklären uns bereitwillig, daß dieses Relikt aus der Zeit der großen Emirate jetzt wieder seinem religiösen Zweck zurückgegeben worden sei und als islamische Lehrstätte hergerichtet werde.

Am Freitagmorgen, es ist der 13. September 1991, habe ich die »Geistliche Direktion« für Zentralasien und die gegenüberliegende Moschee Khazret Imam aufgesucht und mich alten Erinnerungen hingegeben. An dieser Stelle war ich im Dezember 1958 von dem damaligen Mufti Ziauddin Babakhanow, seinem Stellvertreter, dem »Naib el Mufti«, und dem Qadi empfangen und zum Mittagessen eingeladen worden. Der alte Mufti Babakhanow – das weiß heute jedermann in Usbekistan – hatte sich als willfähriges Instrument des kommunistischen Regimes mißbrauchen lassen. Gewiß sorgte er in seinem islamischen Institut von Taschkent für die Ausbildung einer geringen Zahl von Korangelehrten. Ich hatte sogar einem solchen Schulungskursus beigewohnt, wo turbantragende junge Männer gerade jene Überlieferung aus dem Leben des Propheten, jenen »Hadith« studierten, in dem ein weißgekleideter Wanderer, der mit Mohammed ein frommes Gespräch geführt hatte, sich als Dschibril, als Erzengel Gabriel, zu erkennen gab.

In den kommenden Jahren sollte Ziauddin Babakhanow, der die islamische Tradition verkörperte, aber gleichzeitig die religiöse Stimmung des Volkes überwachte und im Sinne des Systems zu kanalisieren suchte, an zahlreichen internationalen Tagungen teilnehmen. Stets vertrat er die Interessen des Sowjetimperiums. In Kontakt mit den unabhängigen Nationen des weltweiten »Dar-ul-Islam« sollte er die Illusion nähren, daß sich die Religion des Propheten auch unter der Sowjetmacht voll entfalten könne, wobei er die außenpolitischen, angeblich »antiimperialistischen« Initiativen Moskaus voll unterstützte. Sogar die Besetzung Afghanistans durch die sowjetischen Streitkräfte hieß der greise Babakhanow gut. Sein Sohn Schamsuddin hat den gleichen Weg der unterwürfigen Kollaboration beschritten.

Noch ehe die große Unabhängigkeitswelle in Gang kam, hatte sich in der »Geistlichen Direktion« von Taschkent einiges geändert. 1986 suchte Michail Gorbatschow selbst die usbekische Hauptstadt auf, um vor den dortigen Parteihierarchen eine Brandrede gegen den Islam und das Vordringen des sogenannten Fundamentalismus zu halten. Zu Beginn des Jahres 1989 gingen die Gläubigen jedoch auf die Straße, forderten vor der Moschee Khazret Imam in dröhnenden Sprechchören den Rücktritt des »Kommunistenfreundes« Schamsuddin Babakhanow und erzwangen tatsächlich die Berufung eines neuen Mufti.

Die religiösen Zwistigkeiten sind seitdem nicht beendet. Der neue Mufti Mohammad Sadiq Mamajussupow hat seine höchste koranische Ausbildung in der libyschen Dschamahiriya des Oberst Qadhafi genossen, was nicht gerade eine Gewähr für die Qualität seiner Kenntnisse ist. Der neue Mufti ist erst vierzig Jahre alt und war zur Zeit unseres Besuchs nach Bischkek, dem früheren Frunse, in die Hauptstadt der Republik Kirgystan verreist. Vielleicht hatte er diese Reise mit Rücksicht auf den zunehmenden Unmut innerhalb seiner Gemeinde angetreten, denn auch Mamajussupow war schon nicht mehr unumstritten. Angeblich hatte er Hunderttausende Koranexemplare, die aus Saudi-Arabien kostenlos zur Erbauung der Gläubigen nach Usbekistan geliefert worden waren, in den Handel gebracht und sich an diesen Geschäften bereichert. Vorübergehend war dieses offizielle geistliche Oberhaupt sogar abgesetzt worden, bis der Präsident Usbekistans, Islam

Karimow, damals noch Erster Sekretär der Kommunistischen Partei, sich persönlich einmischte und seine Rehabilitierung erzwang.

An jenem Freitag herrscht eine gespannte Stimmung rund um die Moschee Khazret Imam. Es bedarf langwieriger Verhandlungen mit dem örtlichen Imam, einem kämpferisch wirkenden Eiferer, bis wir für unser Fernsehteam eine Drehgenehmigung erwirken. Der Grund für diese mißtrauische Wachsamkeit wird uns ersichtlich, als der Imam sich auf der Kanzel niederläßt und jenen Stab in die Hand nimmt, der das »Schwert des Islam« versinnbildlicht. Der Prediger hat sich in einen schönen seidenen Kaftan gehüllt, der mit grünen, gelben und blauen Streifen vertikal gemustert ist. Auf dem Kopf trägt er den weißen Turban. Nach einem einleitenden Koranspruch, den er natürlich auf arabisch vorträgt, schildert er der andächtigen Gemeinde, daß ein Teil der usbekischen Geistlichkeit sich von der derzeitigen Direktion des Mufti losgelöst und nunmehr in religiösen Dingen eine Autonomie zurückgewonnen habe, wie sie dem egalitären Geiste des sunnitischen Islam entspreche. Offenbar haben die Sicherheitsbehörden des Präsidenten Karimow mit tätlichen Unruhen anläßlich dieser Freitagspredigt gerechnet. Das Milizaufgebot vor dem Gebetshaus ist beträchtlich, und verschiedene muskulöse Gestalten sind als Repräsentanten des örtlichen KGB zu erkennen.

In Taschkent wie andernorts stellt sich heute immer wieder das Problem, wer denn nun in den neuerdings unabhängigen Republiken das Sagen bei den verschiedenen Kontrollorganen und insbesondere beim KGB besitzt. Für die örtlichen Potentaten, die lange Zeit nach Einführung der Gorbatschowschen Reformen als Fossile des verkrusteten Marxismus-Leninismus galten, hat sich die Notwendigkeit ergeben, gegenüber den Moskauer Zentralinstanzen, denen sie bislang hörig waren, auf Distanz zu gehen. Vor allem der usbekische Präsident Islam Karimow, ein akademisch qualifizierter Wirtschaftler, sucht seine Selbständigkeit durch die Entfaltung und Disziplinierung eines eigenen Überwachungsapparats zu untermauern. Darin sieht er wohl seine einzige Chance des Überlebens gegenüber der Opposition im Inneren und der argwöhnischen Ablehnung, der er neuerdings im Kreml begegnet.

Es wäre weit übertrieben, die Riesenmetropole Taschkent nunmehr als einen Hort islamischer Rückbesinnung darzustellen. Dafür ist die Stadt weiterhin viel zu kosmopolitisch, lebendig und genußfreudig. Rund um den Zentralpark, wo die klotzige Büste von Karl Marx wie ein »rocher de bronze« den Anfechtungen der Wende trotzt, tummeln sich Schwarzhändler, Zuhälter und andere zwielichtige Elemente. Das organisierte Verbrechen blickt in Usbekistan auf eine lange Tradition zurück. Wenn in modernen russischen Untersuchungen von den »roten Paten« oder der »Baumwoll-Mafia« die Rede ist, denkt man zunächst an Usbekistan. Jeder erinnert sich an jenen Ersten Parteisekretär Scharaf Raschidow, der mit dem Segen Breschnews viele Jahre hindurch wie ein roter Emir über Usbekistan herrschte und mit schamlos gefälschten Produktionszahlen der Baumwollernte Milliarden Rubel an die Angehörigen seines Mafia-Clans abzweigte.

Die Usbeken, wie übrigens auch die anderen muslimischen Völker der Sowjetunion, nehmen es den russischen Publizisten übel, daß überwiegend die Asiaten für die grassierende wirtschaftliche Korruption in der Sowjetunion verantwortlich gemacht werden. Schließlich hat der Generalsekretär der KPdSU, Leonid Breschnew, das System des offiziellen Betrugs gefördert und gedeckt. Er verlangte von seinen zentralasiatischen Satrapen totale Unterwürfigkeit und ließ ihnen als Gegenleistung freie Hand bei der Gestaltung ihrer Regierungsmethoden innerhalb der Republiken und bei der Ausschöpfung immenser wirtschaftlicher Privilegien.

Es war ja kein Zufall, daß der Schwiegersohn Breschnews, der stellvertretende sowjetische Innenminister Tschurbanow, an dem großen usbekischen Mafia-Skandal beteiligt war und zu einer hohen Haftstrafe verurteilt wurde. Scharaf Raschidow selbst kam im Jahre 1983 bei einem Moskaubesuch auf mysteriöse Weise ums Leben.

Angeblich hat er Selbstmord begangen. Sein Nachfolger an der Spitze der Kommunistischen Partei Usbekistans, Usman Chodschajew, wurde seinerseits im Jahre 1989 ins Gefängnis verbannt.

Im Zentrum des heutigen Rätselratens steht der neue Mann, Islam Karimow, den Moskau wegen seiner bewährten Parteitreue berief und weil er den Ruf eines Technokraten genießt. Karimow gehörte wohl ursprünglich der gleichen Kategorie kommunistischer Spitzenfunktionäre an wie der aserbeidschanische Präsident Mutalibow oder der kasachische Aufsteiger Nasarbajew. Doch schon zeigen sich Unterschiede zwischen diesen von Gorbatschow bevorzugten Funktionären. Der Moskauer Putschversuch im August 1991 hat zu manchen Enthüllungen geführt. So stellte sich der kasachische Präsident Nasarbajew gerade noch rechtzeitig auf die Seite seines russischen Kollegen Boris Jelzin. Der Aserbeidschaner Mutalibow bezog eine abwartende Haltung, ließ jedoch seine Präferenz für die kläglich gescheiterte »Junta« – Janajew, Jasow, Pawlow und Pugo – erkennen. Islam Karimow von Usbekistan wird heute zum Vorwurf gemacht, er habe ebenfalls mit

In der Khazret-Imam-Moschee sammelt sich heimlicher Widerstand gegen den regimetreuen Mufti von Taschkent.

195

den Putschisten sympathisiert. Dagegen verwahrt er sich lebhaft und hat bereits zum Gegenschlag ausgeholt.

Da er weiß, daß er bei Boris Jelzin wie auch bei Michail Gorbatschow auf keine Unterstützung, geschweige denn auf Wohlwollen zählen kann, hat Karimow die Flucht nach vorn angetreten. Aus der Republik Usbekistan, die bislang als Hort des stumpfen Immobilismus und der unverbesserlichen Stagnation galt, werden plötzlich recht dynamische Entwicklungen gemeldet. Karimow ist vor den Obersten Sowjet von Taschkent getreten und hat die dortige alte Parteigarde, die sich als Befehlsempfängerin seit Jahrzehnten bewährt hatte, durch die einseitige Unabhängigkeitserklärung seiner Republik überrascht. Zuvor hatte er seinen Austritt aus der KPdSU erklärt und die Kommunistische Partei Usbekistans in eine Demokratische Volkspartei umgewandelt. Die Deputierten waren über die Unabhängigkeitsproklamation so verblüfft, daß sie sogar den üblichen, rituellen Applaus vergaßen, worauf Karimow, der ohnehin wie ein strenger Professor wirkt, sie eine Weile schweigend musterte und dann provozierend fragte: »Wo bleibt euer Beifall, oder habt ihr etwa Angst?«

Der Präsident Usbekistans verfügt immerhin über eine Republik mit zwanzig Millionen Menschen. Es handelt sich um den drittstärksten Teilstaat der ehemaligen Sowjetunion, und zahllose Soldaten in den sowjetischen Streitkräften sind Usbeken. Noch hat Karimow nicht endgültig zu erkennen gegeben, welchen Kurs er gegenüber Moskau steuern wird. Ein Demokrat im westlichen Sinne will er gar nicht sein. Oppositionsstimmen läßt er nur zu, wenn sie Forderungen vortragen, die seinen eigenen Vorstellungen entsprechen. So darf die kleine Gruppierung »Erk«, zu deutsch »Der Ruf«, Kampagnen gegen die ökologische Verwüstung führen, die durch die Monokultur der Baumwolle in Usbekistan ausgelöst wurde, gegen die Verseuchung der Flüsse durch Pestizide, gegen die Austrocknung des Aral-Sees. Die von oben kontrollierten Dissidenten des »Erk« sowie anderer kleiner Formationen sollen sich auch stark machen für die wirtschaftlichen Autonomiewünsche Usbekistans.

So wird in Taschkent mit Nachdruck darauf verwiesen, daß die Profite aus der seit Jahrzehnten forcierten Baumwollproduktion im wesentlichen von Moskau kassiert wurden, daß die Gasförderung Usbekistans, die erheblich ist, der Union zugute kam, daß schließlich die reichen Goldvorkommen dieser Republik, die im Tagebau geschürft werden, in der eigenen Ertragsstatistik überhaupt nicht auftauchen und statt dessen die Schatzkammern des »Imperiums« bereichern.

Islam Karimow ist auch unter den neuen Vorzeichen der Unabhängigkeit ein autoritärer Staatschef geblieben. Die Frage stellt sich ohnehin, ob in den überwiegend muslimischen Randrepubliken der ehemaligen Sowjetunion nicht eine Gruppe neuer Staatsmänner heranwächst, die nur formell mit den alten Partei-Apparatschiks des Marxismus-Leninismus, zu denen sie ja offiziell gehörten, identifiziert werden kann. Parallel dazu gab es hier stets eine orientalische Tradition der Despotie. Von Menschenrechten laizistischer Prägung, vom politischen oder gar parlamentarischen Pluralismus hält auch die traditionelle islamische Staatslehre herzlich wenig. Die abendländischen

Oben links: Präsident Islam Karimow von Usbekistan.

Oben rechts: Präsident Nursultan Nasarbajew von Kasachstan.

Errungenschaften der Aufklärung sind für die sunnitischen wie für die schiitischen Theologen schwer vereinbar mit dem gottesstaatlichen Ideal und einer These, wie sie vor allem Khomeini mit Nachdruck vertrat, daß es nämlich nur eine Partei geben könne, die »Partei Allahs«.

Soweit sind wir natürlich in Zentralasien noch längst nicht. Hier geht es den ehemals gefügigen Statthaltern Moskaus darum, mit den bewährten Methoden des roten Totalitarismus die eigene Macht und die eigenen Pfründe zu konsolidieren. Das Exempel Karimows könnte in mancher Beziehung richtungsweisend wirken. An ihm wird erprobt, ob es ein Überleben und ob es einen Neuanfang für die Epigonen des Kommunismus gibt, die sich nun in den radikalen Nationalismus flüchten und – wer weiß – morgen eine vage islamische Identität anstreben. Vielleicht bieten die Autokraten aus der bisherigen islamischen Staatenwelt wie Hafis el-Asad von Syrien, Saddam Hussein von Irak, Zia ul-Haq von Pakistan oder auch wie der redliche Präsident Mubarak von Ägypten künftige Leitbilder und politische Ausweichmodelle, auf die sich die neuen und alten Machthaber der ehemals sowjetischen Republiken in Zentralasien und im Kaukasus mehr und mehr berufen werden.

Dabei wird es in starkem Maße darauf ankommen, ob unter diesen politischen Waisen der Weltrevolution irgendeine Form republikübergreifender Zusammenarbeit und Komplizenschaft entstehen kann. Nursultan Nasarbajew von Kasachstan hat in dieser Richtung ein Zeichen gesetzt, indem er einen ökonomischen Rat für Kooperation der diversen Nachfolgestaaten Zentralasiens in Taschkent zusammenrief und einen unmittelbaren Austausch zwischen diesen Republiken anregte, der bislang durch die sowjetische Zentralisierungspraxis strikt unterbunden war.

Nach ein paar unglücklichen Erfahrungen hat Karimow seine Kontakte zur Presse und zu den Medien auf ein Minimum reduziert. Seine Erklärung, daß Usbekistan noch nicht reif sei für die Demokratie, die er vor amerikanischen Korrespondenten abgegeben hatte, wurde schleunigst widerrufen. Ebensowenig will der usbekische Präsident wahrhaben, daß er Gorbatschow als Verräter tadelte, weil dieser das Verbot der KPdSU zugelassen habe. Karimow hat wohl angedeutet, daß Usbekistan sich an dem chinesischen Modell der »kleinen Schritte« orientieren könne. Auch hier ließ das Dementi nicht auf sich warten. Der führende Mann Usbekistans, der von der breiten Bevölkerung mehr gefürchtet als geachtet wird, hat sich prinzipiell zur strategischen Koordination mit den Sowjetstreitkräften bereit erklärt. Aber dafür wird er seine eigenen Bedingungen stellen. Schon deutet er an, daß man notfalls in Taschkent ähnlich verfahren könnte wie im georgischen Tiflis, wo die Aufstellung einer ursprünglich begrenzten Nationalgarde in die Formierung einer eigenen Armee überleitete.

An dieser Stelle sei mit Nachdruck darauf hingewiesen, daß alle westlichen und insbesondere amerikanischen Hoffnungen, die zentrale Kommandogewalt der russischen Streitkräfte könne für die kommenden Jahre die strategische Kohäsion der bisherigen Sowjetunion garantieren, an Ort und Stelle utopisch anmuten. Sehr bald werden die neuen nationalen und unabhängigen Regierungen entdecken, daß die fortgesetzte Präsenz massiver russischer Armee-Einheiten auf ihrem Territorium weniger eine Garantie für Stabilität als vielmehr eine Fortführung russischer Bevormundung darstellt. Hier ist der Konflikt vorprogrammiert, zumal die autochthonen Politiker sich gegenüber ihrer Bevölkerung zu dem feierlichen Versprechen durchringen mußten, keine eigenen Rekruten mehr in fremdes Territorium, geschweige denn in Bürgerkriegszonen oder Unruheherde zu verschicken. Usbekistan, so sagten wir bereits, stellt heute mehr Rekruten für die sowjetischen Streitkräfte als die Ukraine. Die Zeit wird kommen, da die Erben Tamerlans sich auf eine eigene, von der Geschichte vorgegebene Aufgabe in Zentralasien besinnen.

Auch nach der Unabhängigkeit steht Usbekistan weiterhin im Ruf, ein Polizeistaat zu sein. Dennoch war es erstaunlich einfach, mit Vertretern der verbannten Opposition zusammenzutreffen. Das geschah gleich am ersten Nachmittag in einem kleinen Café neben dem großen Intourist-Hotel. Abdurrahim Pulatow, Professor für Kybernetik, stellt sich als Vorsitzender der demokratischen Bewegung »Birlik«, zu deutsch »Einheit«, vor und gibt sich selbstbewußt. Der Professor hat sich einen Bart wachsen lassen und wird von einem Universitätskollegen der Rechtsfakultät begleitet. Im Ausland hat »Birlik« von sich reden gemacht, als diese Organisation im März 1989 bei ihrer ersten großen Kundgebung rund zwölftausend Anhänger im Zentrum von Taschkent aufbieten konnte. Die lokalen Medien haben das Ereignis ignoriert. Beim Gründungskongreß im Mai 1989 erhob der Vorstand von »Birlik« eine ganze Reihe von Forderungen, an erster Stelle die staatliche Unabhängigkeit, die wirtschaftliche Souveränität, die Wiederherstellung des Privateigentums und die Etablierung des Usbekischen als offizielle Staatssprache.

Bezeichnend auch für diese demokratischen Dissidenten ist ihre Beheimatung in der örtlichen Intelligenzija. Professoren und Schriftsteller nehmen die Führungspositionen ein. Sie sind auf dem Umweg über den Marxismus so eng mit westlichem Gedankengut vertraut geworden, daß sie sich den Menschenrechtsidealen und der parlamentarischen Vielfalt des Abendlandes verpflichtet fühlen. Vom Islam hält man in diesen Kreisen herzlich wenig, und man will die Perspektive einer koranischen Renaissance gar nicht ins Auge fassen. Diese Oppositionellen unterstellen sogar dem herrschenden Präsidenten Karimow, daß er gelegentlich an den religiösen Obskurantismus der Massen appelliere, um die aufgeklärte und modernistische Opposition an die Wand zu drängen. Pulatow beschwert sich darüber, daß im Gegensatz zu der unbedeutenden »Erk«-Partei seine »Birlik«-Gruppe noch nicht zur offiziellen Registrierung durch das usbekische Justizministerium zugelassen worden sei. Er reagiert etwas unwirsch auf meinen Einwand, daß die demokratischen Revolutionäre in Usbekistan sich offenbar ähnlich verhielten wie die von Lenin ironisch beschriebenen deutschen Umstürzler, die bei der Besetzung eines strategisch wichtigen Bahnhofs vorher eine Bahnsteigkarte lösen wollten.

Die »Birlik«-Vertreter nehmen den Präsidenten Karimow durchaus ernst. In unserem Gespräch stellen sie ihn als einen pragmatischen Zyniker dar. Geschmeidig habe er zunächst auf die radikalen Veränderungen in Moskau reagiert, indem er sich als Nationalkommunist profilierte; dann habe er oberflächliche sozialdemokratische Thesen vertreten, und neuerdings gebärde er sich als gemäßigter Moslem. Pulatow bestätigt ebenfalls, daß Karimow sich intensiv für das südkoreanische Modell interessiere. Er äußert den Verdacht, daß jeder opportunistische Tyrann dem Moskauer Zentrum und auch den amerikanischen »Komplizen« lieber wäre als idealistische, möglicherweise etwas anarchische Demokraten, unter der Voraussetzung, daß die überlebenden Technokraten des alten Regimes für Stabilität und Ordnung sorgen. Im Grunde sei der Fall Saddam Hussein im Irak ein sehr typisches Exempel für

Der usbekische Oppositionsführer Abdurrahim Pulatow bei einer Kundgebung seiner verbotenen Oppositionsbewegung »Birlik – Freiheit«.

die Einstellung der beiden Weltmächte: Als der Irak im Chaos zu versinken drohte und unübersehbare territoriale Neuordnungen in Mesopotamien bevorstanden, habe man die Beibehaltung des Kriegsverbrechers und Diktators Saddam der totalen Ungewißheit und der unkalkulierbaren Veränderung vorgezogen.

Ein offizieller Ausnahmezustand, so erfahre ich in meinem Gespräch mit den »Birlik«-Politikern, sei über Usbekistan nicht verhängt. Doch die Kontrollen der Sicherheitsorgane seien allgegenwärtig. Karimow, so erwähnt Pulatow, zitiere in seinen Ansprachen neuerdings den Namen Allahs und gleiche darin dem kommunistischen Staatschef Afghanistans, Nadschibullah. In Wirklichkeit habe Karimow mehr Angst vor der Demokratie als vor dem Islam, und Usbekistan sei mit dem Iran in keiner Weise zu vergleichen. Die »Birlik«-Bewegung tue sich sehr schwer mit der Mobilisierung und Politisierung der Massen, denn der Stalinismus habe diesem Volk das Rückgrat gebrochen. Bei den Massenhinrichtungen von 1937 sei die gesamte Intelligenzschicht liquidiert worden.

Karimow hatte offenbar gewittert, daß moskaufeindlicher Nationalismus ihm eine gewisse Popularität bescheren könnte. Er zitierte vor den Deputierten des Obersten Sowjet die horrenden Opferzahlen der Stalinschen Säuberungen. Er lehnte sich dagegen auf, daß in Usbekistan das Durchschnittseinkommen bei vierzig oder sechzig Rubel im Monat liegt, also höchstens ein Viertel der russischen Bezüge beträgt.

Sechzig Prozent der usbekischen Bevölkerung leben tatsächlich unterhalb der Armutsgrenze. Deshalb bleibt es fraglich, ob der objektive Zwang zur wirtschaftlichen Zusammenarbeit aller ehemaligen Sowjetrepubliken – die Ökonomie wurde ja in siebzigjähriger Entwicklung auf systematische Komplementarität zurechtgestutzt – ein wirklich überzeugendes Argument für die sich aufbäumenden Nationalisten bleiben wird. Mehr und mehr neigen die neuen Volksführer dazu, ihre Rückständigkeit und Verwahrlosung dem verpönten zentralen Dirigismus anzulasten. Die Versuchung liegt nahe, der bislang oktroyier-

ten Koordination durch verzweifelte Alleingänge zu entkommen. Eine wirtschaftliche Emanzipation der Republiken Zentralasiens wird natürlich durch deren geographische Lage gehemmt und verbaut. Die einzigen spärlichen Verbindungswege mit der Außenwelt führen weiterhin über die Russische Republik. Man fühlt sich in Taschkent von den großen Handelsströmen der Welt förmlich abgeschnitten, zu einer Art kontinentaler Blockade verurteilt. Natürlich wissen die seltenen muslimischen Manager, daß ihre kümmerlichen Industrieprodukte auf dem Weltmarkt keine Käufer finden werden. Für den Export von Rohstoffen sind hier die Transportstrecken unendlich lang, teilweise existieren sie gar nicht. So unterzeichnete man widerwillig in Moskau einen Vertrag über Wirtschaftskooperation und kann sich bereits ausrechnen, daß zu einem Zeitpunkt, da Transporte von Rostow am Don nach Petersburg an der Newa nur noch in seltenen Fällen ihr Ziel erreichen, eine Zulieferung von Taschkent nach Kiew oder umgekehrt zu einem fast hoffnungslosen Unternehmen gerät.

Bei meinen Begegnungen mit demokratischen Opposi-

Noch verkündet Lenin von vielen Plakatwänden herab die kommunistischen Ideen.

tionspolitikern gewann ich oft den Eindruck, daß diese
Intellektuellen und Künstler die Verbindung zu den breiten Massen verloren haben, daß sie gar nicht gewillt sind,
diesen Kontakt ernsthaft herzustellen. Das gleiche dürfte
für weite Kreise der russischen Intelligenzija gelten, die
sich recht widerwillig und erst auf dem Höhepunkt des
Putschversuchs zur Solidarisierung mit Boris Jelzin bereit
fand.

Die wirklichen Veränderungen in Usbekistan wie auch
andernorts gehen wohl unterschwellig vor sich, fern vom
Medienrummel, unbemerkt von voreingenommenen Be-
obachtern, denen jedes Anzeichen islamischer Renaissance ohnehin ein Greuel ist. Doch selbst in Taschkent
gehen seltsame Dinge vor. Da hat sich unmittelbar neben
der »Geistlichen Direktion« des regimetreuen Mufti eine
Koranschule für Mädchen und Frauen etabliert. Am Frei-
tagvormittag sahen wir dort weiß verhüllte Frauen und
Mädchen zusammenkommen, um das schwierige Studium
der arabischen Sprache aufzunehmen und sich mit den
Suren der Offenbarung vertraut zu machen. Aus den jungen Gesichtern, die der strenge »Hidschab« freigab,

sprach nicht etwa eine schamhafte Schüchternheit, weil diese Koranschülerinnen sich zur »Scharia«, zur islamischen Rechtsprechung und ihrer recht antifeministischen Auslegung bekannten, sondern sie genossen es selbstsicher und stolz, als erste unter so vielen Abseitsstehenden den Weg zur religiösen Rechtschaffenheit beschritten zu haben.

*

Die Baumwollernte war im Gang, als wir von Taschkent nach Samarkand fuhren. Die Ebene war bis zum Horizont von dieser Monokultur beherrscht, die seit einigen Jahren heftige Polemik ausgelöst hat. Einst sprach man von der Baumwolle als dem »weißen Gold« Usbekistans; neuerdings redet man vom »weißen Gift« oder gar vom »weißen Tod«. Die Ökologie ist zu einem der großen Themen der nationalen Auflehnung gegen die Moskauer Zentrale und ihre wahnwitzige Planwirtschaft geworden. Um die Ernte zu forcieren, sind die Baumwollkolchosen und -sowchosen, die immer noch die Namen »Lenin«, »Kommunismus«, »Kirow«, »Moskau« oder »Leningrad« tragen, seit Jahrzehnten mit Kunstdünger und vor allem Pestiziden überschüttet worden, so daß der Ertrag immer geringer und die Umwelt total verseucht wurde.

Es werden schreckenerregende Zahlen genannt über die Verwendung von Schädlingsbekämpfungsmitteln und Defolianten. So seien zweieinhalb Kilogramm pro Hektar ein gerade noch akzeptables Maß. In Usbekistan werden, wie übrigens auch in den übrigen Republiken Zentralasiens und in Aserbeidschan, vierzig Kilo pro Hektar ausgestreut. Die Chemikalien, mit denen die Weinfelder bearbeitet werden, summieren sich angeblich sogar stellenweise auf hundertachtzig Kilogramm pro Hektar.

Zwischen den weißen Baumwollstauden waren lange Reihen von Pflückerinnen tätig. Die Mechanisierung der Ernte ist begrenzt, und das Argument für dieses Festhalten an der billigen menschlichen Arbeitskraft lautet beinahe zynisch: Man müsse doch die überschüssige Landbevölkerung irgendwie in den Arbeitsprozeß einbeziehen. Daß bei diesem intimen Kontakt mit den verseuchten Pflanzen schwere gesundheitliche Schäden entstehen, liegt auf der Hand. In der Autonomen Region Karakalpakien, die Usbekistan bis zum ausgedörrten Aral-See verlängert, behauptet man sogar, die jungen Mütter könnten ihre kleinen Kinder nicht mehr stillen, weil ihre Milch vergiftet sei.

Am Ende unserer Strecke, jenseits einer Felspforte, die man als »Tor Tamerlans« bezeichnet, erreichten wir die alte Herrschaftsstadt Samarkand. Sie hatte seit meinem ersten Besuch im Jahre 1958 viel von ihrem nostalgischen Charme, von jener tragischen Tristesse verloren, die sie zur Zeit des triumphierenden Kommunismus so liebenswert machte. Samarkand ist eine industrielle Großstadt geworden. Die Behörden haben sich mit Unterstützung der Unesco um die Restaurierung der islamischen Kunstwerke aus dem 14. und 15. Jahrhundert bemüht. Doch diese Arbeit ist oft mit unzulänglichen Mitteln und schlechtem Geschmack durchgeführt worden.

Der Registan von Samarkand.

Gemessen an den städtebaulichen Verirrungen des platten sozialistischen Baustils ragen die Herrschafts- und Sakralbauten der Vergangenheit glorreich aus der Trivialität der Neuzeit empor. Samarkand ist in zahllosen Reiseführern ausführlich beschrieben worden, und wir wollen nicht mit ihnen wetteifern. Was uns verblüffte, war das mangelnde Interesse, ja, eine fast ablehnende Haltung, die unsere russischen Kollegen und Mitarbeiter des Kamerateams den Spuren dieses großartigen zentralasiatischen Mittelalters entgegenbrachten. Wollten sie nicht wahrhaben, daß der große und schreckliche Eroberer Tamerlan – »Timur-Lenk – der Lahme« – im 14. Jahrhundert ein Imperium errichtet hatte, dessen tatarische Khane, die Fürsten der Goldenen Horde, das ganze heutige Rußland beherrschten? Vielleicht ist es für einen national gesinnten Russen schwer zu ertragen, in diesem verlorenen Winkel Zentralasiens feststellen zu müssen – die herrliche Silhouette des Registan gibt davon Kunde –, daß hier eine kulturelle Blüte und ein funktionierender, Kontinente umspannender Machtapparat existiert hatte, dem die Moskauer Großfürsten als rückständige Vasallen unterworfen waren.

Das Grab des »Schah-e-Zinda«, des »lebenden Königs«. Der Vetter Mohammeds brachte den Islam nach Zentralasien und wurde dabei enthauptet.

Den alten Zauber Samarkands entdeckte ich erst wieder am Mausoleum des Schah-e-Zinda. Im Winter 1958, als die Gottlosenkampagne – von Chruschtschow neu entfacht – die Muselmanen Usbekistans heimsuchte, war diese abgelegene Stätte inmitten der verwahrlosten Gräberstadt zur Zuflucht der Frommen geworden. Hierhin pilgerten die armen Kolchosbauern und vor allem ihre Frauen, um am marmornen Sarkophag des Khusan Ibn Abbas, eines Vetters des Propheten Mohammed, ihre Gelübde darzubringen und sich göttlichen Segen zu erbitten. Der »lebende König – Schah-e-Zinda« ist natürlich eine Legendengestalt. Im 7. Jahrhundert bereits soll er die koranische Botschaft nach Zentralasien getragen und die Bekehrung zum Islam eingeleitet haben. Von seinen Feinden wurde er enthauptet, aber – wie das mit manchen Heiligen der christlichen Mythologie ebenfalls geschah – er nahm sein abgeschlagenes Haupt unter den Arm und verschwand in den Untergrund, wo er angeblich bis zum Tage des Jüngsten Gerichtes weiterlebt.

Zweifellos finden sich hier gewisse Elemente der schiitischen Lehre und ihrer Vorstellungen vom Zwölften, vom verborgenen Imam el Mehdi wieder. Der Intourist-Führer, der mich 1958 begleitet hatte und sich über den Obskurantismus dieses Sakralortes mokierte, hatte mir immerhin eingestanden, daß ein Moskauer Archäologe, der zu Restaurationsarbeiten nach Samarkand beordert worden war, unter dem Eindruck der hier waltenden geheimnisvollen Kräfte zum Islam übergetreten sei.

Unser häßliches Hotel in Samarkand befand sich in unmittelbarer Nachbarschaft des hochragenden Kuppelbaus, der die Reste des großen Tamerlan beherbergt. Auch hier wurden die alten Fayencen ausgebessert. Neben der Grabstätte des mongolisch-usbekischen Tyrannen, vor dem die ganze Welt gezittert und der dem Kalifat von Bagdad den Todesstoß versetzt hatte, diskutierte ich mit einer Gruppe junger, durchaus aufgeschlossener Studenten über die Zukunft ihrer Region.

Die jungen Leute sind zutiefst besorgt über die Entwicklung ihrer Republik. Noch sei die Oberfläche glatt, aber es

handele sich um eine Ruhe vor dem Sturm. Blutige Ereignisse bereiteten sich in Zentralasien vor. Einen Vorgeschmack habe man bereits bekommen, als sich die blinde Volkswut gegen die verwandten Glaubensbrüder vom Turkvolk der Meskheten entladen habe, die Stalin aus dem Kaukasus ins fruchtbare Fergana-Becken deportiert hatte. Gewiß seien da Eifersüchteleien im Spiel gewesen gegen diese wirtschaftlich und kommerziell erfolgreiche Minderheit. Aber es sei doch geradezu lächerlich, das gräßliche Massaker an den Meskheten mit einem Streit über den Verkauf von Erdbeeren erklären zu wollen, wie die offiziellen Behörden das seinerzeit ernsthaft versuchten. Vielmehr seien die Gegensätze zwischen islamischen Brüdern und türkischen Vettern planmäßig aus einer finsteren Ecke gesteuert worden. Das »Imperium« habe ein Interesse daran gehabt zu beweisen, daß das Wagnis der nationalen Unabhängigkeit für die Zentralasiaten nur in Blut und Entsetzen enden könne. Heute seien etwa vierzigtausend Meskheten weiterhin auf der Suche nach einem Asyl. Nachdem ihnen das heimische Georgien die Rückkehr verweigert habe, vegetierten sie ohne rechte Unterkunft und Beschäftigung im Raum von Smolensk.

Mit ähnlichen Vorbehalten sprechen die Studenten über neuerliche Bestrebungen, einen nationalen Konflikt zwischen persischsprechenden Tadschiken und türkischsprechenden Usbeken zu entfachen. Diese beiden Völker und Kulturen hätten sich in den vergangenen Jahrhunderten gegenseitig durchdrungen. Jeder gebildete Städter sei in der Lage gewesen, sich auf persisch und usbekisch auszudrücken. Natürlich sei die vorherrschende Zivilisation in Samarkand und in Bukhara schon zur Zeit Tamerlans, dann unter den Emiren stets persisch geprägt gewesen, aber das habe sogar für den Kalifensitz in Bagdad vor der Zerstörung durch die Mongolen gegolten. Es sei nicht unproblematisch, daß im benachbarten Tadschikistan ein Viertel der Bevölkerung sich der usbekischen Nationalität zurechne, während in Samarkand und Bukhara intellektuelle Gruppen sich als iranische Tadschiken hervortäten und ihre Assimilierung durch das usbekische Staatsvolk strikt ablehnten.

Die Vermischung der Völker ist übrigens nicht nur auf das sowjetische Imperium begrenzt, wie ich einst im nördlichen Afghanistan erfahren hatte. Ich lauschte dort in Mazar-e-Scharif Gesängen, in denen eine Strophe in usbekischer Sprache von einem persischen Refrain im Dari-Dialekt abgelöst wurde. Man nannte diese poetische Verschmelzung »Milch und Honig.«

Der örtliche Kulturchauvinismus vereinnahmte bei seiner Suche nach einheimischen klassenkämpferischen Vorläufern auf sehr willkürliche Weise den großen persischen Dichter Alischer Novai für sich, der bereits im feudalen Mittelalter die Partei der unterdrückten Leibeigenen und Sklaven ergriffen hatte. Seit geraumer Zeit wird er von den usbekischen Marxisten als eine Art Nationalheld beansprucht. Im September 1991 war sein bärtiges Antlitz unter dem Turban nicht nur auf dem Sockel zahlreicher Denkmäler zu sehen. Die Städte Usbekistans ehrten ihn mit einer umfangreichen Plakataktion. Der 550. Todestag dieses persisch-usbekischen Poeten und Anwalts gütiger Menschlichkeit wurde zu einem bombastischen Jubiläum aufgebauscht. Dahinter konnte man die Absicht des listigen Präsidenten Islam Karimow wittern, dem bisher alles beherrschenden Lenin-Kult einen autochthonen muslimischen Kontrapunkt entgegenzusetzen.

Die jungen Usbeken tun sich offenbar schwer mit der Religion. In Taschkent wollten die Intellektuellen der »Birlik«-Bewegung noch so tun, als wäre der Islam weiterhin in die Mottenkiste der Geschichte verbannt. In Samarkand konnte man dagegen vor der koranischen Renaissance nicht mehr die Augen verschließen. Doch die zahllosen atheistischen Kampagnen, die die Gegend siebzig Jahre lang heimsuchten, haben ihre Spuren hinterlassen. Die Kenntnis der koranischen Offenbarung ist außerordentlich gering. Aus Saudi-Arabien werden nun Pamphlete importiert, die die Haltung des Gläubigen während des Gebets beschreiben und einige Grundkenntnisse des Islam in Form von Katechismusfragen vermitteln.

Traditioneller Festschmuck der usbekischen Frauen, Junge vor dem Beschneidungsfest.

Vor allem bei den kleinen Leuten hat der Volks-Islam überlebt, oft in primitiver, abergläubischer Form. Der Lehre Mohammeds ist zugute gekommen, daß sie allumfassend ist, daß sie keinen Bereich der menschlichen Existenz und des gesellschaftlichen Zusammenlebens ausläßt. So wurden selbst unter Stalin die muslimischen Knaben beschnitten und die Toten fast immer religiös bestattet. Diese Volksreligion stützte sich auf obskure Prediger, oft Angehörige jener Sufi-Orden, deren geheime Strukturen sich der Überwachung des KGB erfolgreich entzogen. Diese Bruderschaften, Derwisch-Bünde oder »Tariqat«, wie man sie im Arabischen bezeichnet, wurden vielerorts zur letzten Zuflucht des Glaubens, zur Rettungsplanke einer ungebildeten Frömmigkeit, die der marxistisch-leninistischen Indoktrinierung lange Jahre verbissen standgehalten hat.

Die jungen Intellektuellen, die in Schulen und Universitäten rein sowjetischer Prägung ausgebildet wurden, finden natürlich keinen Bezug zu diesem Ausdruck einfältiger Religiosität. Sie betrachten andererseits mit großem Mißtrauen jene offiziellen Diener der Religion, Muftis oder Qadis, die von den kommunistischen Behörden beglaubigt und installiert worden sind, um eine trügerische Religionsfreiheit vorzutäuschen.

Spätestens seit Beginn der Perestroika ist eine neue Bewegung in Gang gekommen. Da meldeten sich in der Bannmeile der großen Städte und auf den Dörfern fromme, eifernde Männer zu Wort, meist Autodidakten, die über eine äußerst geringe religiöse Bildung verfügten. Sie gründeten in bescheidenen Unterkünften »wilde« Moscheen, um von der staatlich geförderten Geistlichkeit unabhängig zu sein. Da traten nicht nur wirre Scharlatane oder blinde Fanatiker auf. Die »mosquées sauvages« fanden Zulauf aus den Reihen der Gebildeten. Ärzte und Ingenieure reihten sich ein. Im Volke formierte sich zögernd eine neue religiöse Kraft, die dem Wesen des Islam zufolge auch auf politische Entfaltung dringen mußte. Diese Erweckungsbewegung scheint jener Tendenz, die wir als Fundamentalismus oder »Usuliya« bezeichnen, durchaus nahezustehen, auch wenn sie noch nicht über das religiöse Wissen und die doktrinäre Zielsetzung der Islamisten anderer Länder verfügt.

Wir diskutieren an diesem Abend im Schatten der Grabeskuppel Tamerlans über die islamische Revolution, die auch vor Zentralasien nicht haltmachen dürfte. Ich erinnere an meine Begegnungen mit dem Ayatollah Khomeini und seinen Gefolgsleuten sowie an meine Gespräche mit dem afghanischen Fundamentalisten-Führer Gulbuddin Hekmatyar, dessen Partisanen ich vor etwa zehn Jahren im afghanischen Widerstand begleitet hatte. Gewiß, Hekmatyar genießt bei vielen »Orient-Experten«, die die koranische Botschaft krampfhaft verniedlichen und die Vorstellung eines »Herz-Jesu-Islam« propagieren, den Ruf eines fanatischen Finsterlings. Mir hingegen hatte Hekmatyar als eindrucksvolle, wenn auch unerbittliche Führungsgestalt imponiert. Seine Kampfgruppe, die »Hizb-e-Islami«, war keineswegs so reaktionär und verbohrt, wie sie oft von ihren Gegnern dargestellt wurde. Diese Mudschahidin, mit denen ich auf den steilen Pfaden des Hindukusch geritten war, erzählten mir voller Begeisterung von ihren

Idealen und von ihrem brennenden Wunsch, eine gottgefällige egalitäre Gesellschaft zu schaffen, ähnlich jenem perfekten Gottesstaat, den der Prophet Mohammed in der Oase Yathrib, dem späteren Medina, gegründet hatte. Die Technologie des Westens lehnten diese Eiferer in keiner Weise ab, wohl aber die westliche Sittenlosigkeit, den Abfall von Gott und jene Permissivität, die in den Augen vieler Fundamentalisten mit dem »american way of life« gleichgesetzt wird. Die strengen, puritanischen Vorstellungen der »Hizb-e-Islami« richteten sich ebensosehr gegen die Privilegien der in Afghanistan überlebenden Feudalherrschaft, gegen die verkrusteten, archaischen Stammesstrukturen wie auch gegen das devote, abergläubische Religionsgehabe gewisser unwissender und korrupter Mullahs, die sich geflissentlich mit den wechselnden Herrschaftssystemen arrangierten.

Mit Recht wenden die Skeptiker bei diesem Abendgespräch in Samarkand ein, daß es ja kein Modell für den perfekten islamischen Gottesstaat der Gegenwart gebe, daß die Berufung auf das frühe Vorbild des Propheten einem rationalen Geist widerstrebe und leicht als Utopie zu entlarven sei. Tatsächlich stehen dem Aufkommen einer fundamentalistischen Welle im ehemals sowjetischen Zentralasien zwei greifbare Hindernisse im Weg. Zunächst einmal hat die schiitische Revolution im Iran mit ihren Exzessen, ihrer wehklagenden Hysterie manchen nüchternen Sunniten verschreckt, vielleicht sogar abgestoßen. Mit der Herrschaft der iranischen Mullahs und deren Intrigen, die heute in Teheran ausgetragen werden, fühlt man sich in Usbekistan keineswegs solidarisch, auch wenn die Erweckerfigur Ruhollah Khomeini große Verehrung genießt. Das persische Exempel der islamischen Revolution ist deshalb auf das sunnitische Zentralasien kaum übertragbar.

Zu viele junge Frauen haben sich zudem unter dem Einfluß der sozialistischen Emanzipationsvorstellungen an freiheitliche Lebensformen gewöhnt, die sie in offenen Widerspruch zu den strengen Vorschriften der »Scharia« bringen würden. Wenn eine Aktion der Bolschewiki im

Rückblick überwiegend positiv beurteilt werden muß, so ist es die zwangsweise Verbrennung des in Turkestan üblichen Roßhaarschleiers, des »Parandscha«, der nicht nur die Konturen der Frau verhüllt, sondern auch das Gesicht hinter einem dichtgewebten Netz verschwinden läßt.

Größeres Prestige hingegen genießt das Königreich Saudi-Arabien. Von dort kommen jene zahllosen Koranexemplare, die die muslimischen Territorien der Sowjetunion neuerdings überfluten. Nach Riad und Dschidda, nach Mekka, Medina oder Taif spannen sich manche Fäden, zumal auf der arabischen Halbinsel viele Flüchtlinge aus Usbekistan vor zwei Generationen Zuflucht gefunden hatten. Saudi-Arabien und auch die Golf-Emirate, so meinen viele junge Usbeken in naiver Unkenntnis der Außenwelt, hätten sich als Staatswesen behauptet, die islamische Frömmigkeit mit fortschrittlichem Modernismus und Spitzentechnologie zu kombinieren wüßten. Wie wenig die Realität der saudischen Herrschaftsmethoden diesen idealisierenden Vorstellungen entspricht, konnten nur die wenigsten Usbeken an Ort und Stelle verifizieren. So erhält sich der Mythos der gottgefälligen Wahabiten weit über Taschkent und Samarkand hinaus. Die Enttäuschung wird bitter sein, wenn die aufstrebenden frommen Kräfte des zentralasiatischen Islam eines Tages entdecken müssen, daß die grüne Fahne des Propheten, das Emblem der saudischen Dynastie, oft herhalten muß, um Korruption, Heuchelei und schiere Inkompetenz zu verschleiern.

*

Die Stadt Bukhara ist sich selbst treu geblieben. Sie hat nicht gewaltsam expandiert. Die zweihunderttausend Einwohner drängen sich weiterhin in engen, altertümlichen Gassen und Basaren, deren zerfallende Lehmmauern eifrig restauriert werden. Es herrscht überhaupt eine rege Bautätigkeit in diesem alten Zentrum islamischer Gelehrsamkeit. Die Moscheen und Medressen erwachsen wieder in alter Pracht. Der Geist Ismail el Bukharis, des großen Korangelehrten, der den »Hadith«, die Überlieferung aus

dem Leben des Propheten, im 9. Jahrhundert auf vorbildliche Weise klassifizierte, scheint wieder über den Kuppeln und Minaretts zu atmen.

Stadtsilhouette von Bukhara.

Vor genau zehn Jahren, im Sommer 1981, hatte mich ein ziemlich banales Erlebnis zutiefst schockiert. Unmittelbar neben der Koranschule Mir-i-Arab, in der einer kleinen Anzahl von Schülern unter strenger sowjetischer Überwachung ein paar Grundkenntnisse des Arabischen und der islamischen Lehre vermittelt wurden, war eine der prachtvollen koranischen Hochschulen aus dem Mittelalter zu einer Art Museum, ja, zu einem Tummelplatz des Fremdenverkehrs degradiert worden. In den Abendstunden vergnügten sich dort russische Touristengruppen bei derben folkloristischen Veranstaltungen und leerten ihre Wodkaflaschen. In einem besonders kunstvoll gestalteten Winkel dieser Sakralstätte hatten die Behörden den Affront auf die Spitze getrieben und einen Alkoholausschank für »Valuta« spendende Ausländer eingerichtet.

An eben dieser Stelle entdecke ich jetzt den abrupten Wandel, der sich des alten Turkestan bemächtigt hat. Die ehrwürdige Medressa ist ihrem religiösen Zweck zurück-

217

gegeben worden. Etwa vierhundert Koranschüler gehen hier ihren Studien und Rezitationen nach. Die Klassenräume, die wie Nischen um den großen Hof verteilt sind, hallen wider von den Suren der Offenbarung. In den Pausen fühlt man sich zurückversetzt in die Zeiten hoher islamischer Blüte, wenn die »Ulama« ihre Jünger im Hof um sich scharen und mit ihnen die Auslegung des »Hadith« diskutieren.

Bukhara ist eine durch und durch orientalische Stadt geblieben. Die wenigen Russen wirken hier wie versprengte Außenseiter. Um so erstaunter ist der Besucher, wenn er – mitten im Basar, nahe des quadratischen Teichs, an dem die Usbeken Schaschlik und Pilaw verzehren – das alte Judenviertel entdeckt. Es sind nur ein paar Gassen, die schon der Emir von Bukhara vor Jahrhunderten den Israeliten zugewiesen hatte. In Bukhara hat eine der ältesten mosaischen Diaspora-Gemeinden überlebt, die, wie die Überlieferung behauptet, auf die Eroberungszüge Alexanders des Großen oder gar auf die babylonische Verbannung zurückgeht.

Die jüdische Gemeinde von Bukhara beim Studium der Thora.

Wir werden am Freitagabend, zur Einsegnung des Sabbats, vom Rabbiner Aaron Sijanow und vom Vorsitzenden des jüdischen Kulturzentrums, Jakob Avnon Aschurowitsch, mit lebhaftem Wortschwall begrüßt. Der Rabbiner trägt die ortsübliche Tupeteika, während die meisten Gemeindemitglieder europäische Filzhüte tragen. Die Synagoge ist mit orangefarbenen Seidentüchern geschmückt. Sieben Glühbirnen deuten den siebenarmigen Leuchter an. Hoch an der Wand leuchtet in blauer Farbe der Davidstern, umgeben von hebräischen Schriftzeichen.

Mit dröhnenden Stimmen versichern uns die Gemeindeältesten, daß es den Juden von Bukhara gutgehe, daß neunzig Prozent von ihnen in eigenen Häusern lebten und vierzig Prozent ein privates Auto besäßen. Von Verfolgung oder Diskriminierung könne keine Rede sein, und man sehe der Zukunft mit Optimismus entgegen. Die hebräische Gemeinde von Bukhara sei fest entschlossen, in Usbekistan zu bleiben, und die Gemeindesprecher hüten sich, den Staat Israel allzu ausdrücklich zu erwähnen. Doch irgend etwas stimmt nicht mit dieser aufgesetzten Zuversicht. Die Menschen huschen scheu an den Mauern des Ghettos entlang. In Bukhara geht der Golem um. Die Synagogenvorsteher können nicht über die Tatsache hinwegtäuschen, daß von ursprünglich vierzigtausend Bukhara-Juden nur noch zwölftausend in Usbekistan leben. Auch die angeblich zum Bleiben entschlossene Restgruppe bereitet bereits ihren Exodus nach Eretz Israel vor.

Das Sabbatgebet wirkt verwirrend und fast befremdend. Die Andacht vollzieht sich mit gewaltigem Stimmenaufwand. Jeder scheint sich gegen seinen Nachbarn lauthals durchsetzen zu wollen. Der Kantor trägt einen für dortige Verhältnisse eleganten grauen Anzug und dazu eine Art Tirolerhut. Die unterschiedlichsten Typen sind in dieser Gemeinde vertreten, die uralte Sippenbande pflegt und auf der die Last von Jahrtausenden ruht. Da hilft es wenig, wenn man uns voller Stolz von der neuen Talmud-Schule berichtet, von den Vorbereitungen für das Laubhüttenfest. Der Rabbiner verscheucht die Gefahr einer islamischen Bedrohung, indem er auf die gemeinsamen abrahamitischen Ursprünge, auf die konvergierenden Offenbarungen der beiden semitischen Bekenntnisse hinweist. Er kann das Gefühl nicht zerstreuen, daß der Satz »Nächstes Jahr in Jerusalem« in dieser Synagoge Zentralasiens mit besonderer Inbrunst rezitiert wird.

*

Unser usbekischer Betreuer Timur hatte mir am letzten Tag des Aufenthalts in Bukhara eine Überraschung versprochen. Seit Beginn meiner Reisen durch Zentralasien suchte ich nach jenen geheimnisvollen Bruderschaften und Sufi-Gemeinschaften, denen der Islam sein Überleben in der Sowjetunion weitgehend verdankt. So hatte ich es bei dem großen Experten Bennigsen gelesen. Die im früheren zaristischen Reich verbreiteten Sufi-Orden oder »Tariqat« gehörten überwiegend dem Verbund der Naqschbandiya oder der Qadiriya an. Dreißig Jahre lang hielten diese kämpferischen Mystiker im Kaukasus unter ihrem genialen Feldherren Imam Schamil den Armeen des Zaren stand, und auch heute noch, so hatte ich in Machatschkala, der Hauptstadt von Daghestan, erfahren, seien die Muriden, wie sich die frommen Männer nennen, in den verschwiegenen Tälern des Kaukasus außerordentlich aktiv.

Als Josef Stalin diverse kaukasische Völkerschaften, die angeblich mit der deutschen Wehrmacht kollaboriert hatten, in die Steppen von Kasachstan deportieren ließ – insbesondere die Stämme der Tschetschenen und Inguschen, die heute, in ihre Heimat zurückgekehrt, wieder von sich reden machen –, hatte er damit einen unerwarteten Gegeneffekt ausgelöst. Die türkischen Nomaden Kasachstans waren erst im 17. Jahrhundert oberflächlich islamisiert worden. Ihre brutale Kollektivierung in den zwanziger und dreißiger Jahren hatte dieses Glaubensgut fast verschüttet. Die Ankunft der Inguschen und Tschetschenen hingegen, die dank ihrer Einbindung in die Sufi-Orden eifrige Muselmanen geblieben waren, führte auch zu einer Wiederbelebung der Religiosität bei den bislang indifferenten Kasachenstämmen.

Die Qadiriya war im 12. Jahrhundert in Bagdad gegründet worden und hat seitdem auf weite Teile der islamischen Welt, insbesondere auch auf Schwarzafrika, übergegriffen. Die Naqschbandiya war im 14. Jahrhundert in Bukhara entstanden und behauptete sich später vor allem in der Türkei. Noch im Jahre 1924 zettelte diese »Tariqa« einen großen islamischen Aufstand in Ostanatolien gegen die Säkularisierungspolitik Atatürks an und wurde erst nach blutigen Schlachten niedergeworfen.

Das Grab des Baha Naqschband liegt nur ein paar Kilometer von Buchara entfernt und gilt als eines der großen Heiligtümer Zentralasiens. Heute bekennen sich viele Türken in Deutschland zu dieser strenggläubigen Gemeinschaft. Gewiß, es rankt sich viel Aberglauben um diese fromme Bruderschaft. Der Qadi von Duschanbe, der gescheite Hadschi Akbar Turadzhon-Zoda, hatte mit einiger Herablassung von diesen wackeren Frömmlern gesprochen, deren koranisches Wissen auf ein paar Elementarbegriffe geschrumpft ist. Ihre Religionspraxis kombiniert sich oft mit einem Ritual, das nicht frei von schamanischen Überresten ist. Die Übung des »Dhikr« – der endlosen

Fromme Gläubige der Naqsch-bandiya-Bru-derschaft lauschen den Worten ihres Imam.

221

Anrufung des Namens Allah – war all diesen »Tariqat«
gemeinsam. In Afrika hatte mich diese intensive Rezita-
tion des Bekenntnisses »La illaha illa Allah« häufig fasziniert. In den Moscheen des Senegal steigerte sich der
»Dhikr« bis zur Trance.

Am mächtigen steinernen Sarkophag des Baha Naqschband haben sich zahlreiche Gläubige – Männer im grell-
bunten usbekischen Kaftan, Frauen in Schleiern mit Blu-
menornamenten – zum Gebet und zur geistlichen Unter-
weisung versammelt. Die Muriden bewegen sich rund um
das Grab, küssen den Stein und murmeln Segenssprüche.
Die Freitagszeremonie an der Ruhestätte des heiligen
Gründers zeichnet sich durch seltsame Abweichungen
vom strengen koranischen Glauben aus. Da werden Tier-
opfer dargebracht, und die Muriden versammeln sich nach
Absolvierung ihrer religiösen Pflichten zum fröhlichen
Festschmaus auf dem flachen »Tschipoj«, einer geflochte-
nen Lagerstätte, die mir aus Afghanistan vertraut ist.
Noch seltsamer geht es bei einem uralten gefällten Baum
zu, der über wunderbare Genesungskräfte verfügen soll.
Alle Rückenleiden, auch rheumatische Schmerzen, werden hier angeblich geheilt, und so beobachten wir Männ-
lein wie Weiblein, die ihren Körper an der Borke reiben.

In Wirklichkeit habe der hochverehrte Naqschbandiya-
Gründer Mohammed Ibn Jallaluddin geheißen und zwischen 1318 und 1391 gelebt, so berichtet mir der Imam-
Khatib Abdullajew Mokhtar Hadschi, der für den Bezirk
Bukhara zuständig ist. Die Bezeichnung »Naqschband«,
die man dem heiligen Mann verliehen habe, bedeute soviel
wie »Goldschmied der Seelen«. Imam Abdullajew ist ein
würdiger und gebildeter Mann fortgeschrittenen Alters,
der über den Aberglauben seiner Landsleute mit einem
verzeihenden Achselzucken hinwegsieht. Die einfältigen
Mystiker hätten sich in den Jahrzehnten der Verfolgung
doch große Verdienste um den Bestand des Islam erworben.

Die Stunde des Freitagsgebets ist gekommen, und der
Ruf des Muezzins tönt weit über die Baumwollfelder.
222 | Während seiner Predigt geht der Imam-Khatib auf die

aktuellen Probleme seiner Gemeinde ein. Allein im Oblast Bukhara seien im vergangenen Monat fünfzig neue Moscheen eröffnet worden. Es fehle an Vorbetern und Imamen. Eine Medressa mit fünfzig Studenten sei zwar gegründet worden, um der Unkenntnis der Religion abzuhelfen. Aber deren Ausbildung brauche Zeit. Deshalb hätten die »Ulama« von Bukhara beschlossen, Lehrkräfte aus den arabischen Staaten ins Land zu holen, um den Unterricht der arabischen Sprache und des Korans zu beschleunigen.

In der Moschee hat sich zu Füßen des Predigers eine überaus malerische Gemeinde versammelt. Die wilden Charakterköpfe der Männer wirken wie Monumente eines anderen Zeitalters. Mit extremer Konzentration lauschen sie der Mahnung Abdullajews, der fromme Moslem dürfe seine menschliche Erfüllung nicht in Völlerei oder in westlichen Konsumgewohnheiten suchen. Was sein geistiges Heil angehe, sei es für den Muslim unwichtig, ob er ein Auto oder ein Fernsehgerät besitze. Der Islam in Usbekistan müsse zurückfinden zu seiner ursprünglichen Einfachheit und Strenge. Dann liest Imam Abdullajew aus dem Koran, in arabischer Sprache und in usbekischer Übersetzung. Vielleicht hat er uns zuliebe die 29. Sure ausgesucht, die den Namen »Al-Ankabut«, »Die Spinne«, trägt. Zu Beginn unseres Treffens hatte er mich erwartungsvoll gefragt, ob ich Muslim sei. Jetzt will er wohl dem anwesenden Fernsehteam aus dem christlichen Westen die Toleranz der islamischen Lehre durch ein Koran-Zitat beweisen.

In der Sure Al-Ankabut heißt es in der Tat: »Mit der Familie des Buches ›ahl-el-kitāb‹« – gemeint sind Christen und Juden, auch »Volk der Schrift« genannt, die der abrahamitischen Urlehre teilhaftig wurden –, »streitet nur auf die duldsamste Weise; lediglich die Frevler unter ihnen seien ausgenommen; und ihr sollt sagen: Wir glauben an das, was uns offenbart und an das, was euch offenbar wurde. Allah, unser Gott und euer Gott, ist nur Einer, und Ihm sind wir ergeben.«

Unvermittelt geht der Prediger nach dieser Koran-Lesung auf die aktuellen politischen Konflikte ein. Er verurteilt die Kommunisten, die Feinde Gottes, die sich immer noch dem Sieg der heiligen Sache in den Weg stellen. Er richtet seinen Bannstrahl gegen die Ungläubigen – »el kafiruna« –, besser gesagt, die Gottlosen, die Verfluchten. Dabei beruft er sich auf den vorletzten Vers der 29. Sure: »Wer aber ist ungerechter als jener, der eine Lüge wider Allah erdichtet oder die Wahrheit verwirft, die ihm zuteil ward? Soll doch in der Hölle die Wohnstatt der Gottlosen sein!«

Zeittafel

1227	Tod Dschingis-Khans.
1237	Ein tatarisches Heer unter Dschingis-Khans Enkel Batu unterwirft das bulgarische Khanat an der Wolga und dringt nach Rußland vor. Die Stadt Rjasan fällt.
1238	Batu erobert Moskau, Wladimir und Susdal. Durch einen Sieg am Fluß Sitj nehmen Batus Truppen das Gebiet an der Oka und der oberen Wolga ein.
6. 12. 1240	Batu erobert Kiew – das Ende des Kiewer Rus.
1241	Batu schlägt die christliche Koalition bei Liegnitz in Schlesien. Er muß seine Truppen jedoch nach Karakorum zurückführen, da der Khan Ögädäi gestorben ist. Batu erwählt Saraj an der Wolga zur neuen Hauptstadt und gründet das Reich der Goldenen Horde.
1246	Der russische Großfürst Jaroslaw, der Vater von Alexander Newski, wird während einer Huldigungsfahrt zu den Mongolen vergiftet.
1257	Die russischen Fürsten müssen zum ersten Mal Tribute an den Khan der Goldenen Horde bezahlen.
1258–1267	Batus Sohn Berke tritt zum Islam über. Im Winter 1258/59 dringen die Heere der Goldenen Horde bis nach Litauen und Polen vor.
1260	Die Mameluken schlagen die Mongolen bei Ain Dschalut und treiben sie über den Euphrat zurück.
1263	Alexander Newski stirbt auf der Heimreise eines Besuches bei der Goldenen Horde in Gorodez.
1332	Der Khan Usbek verleiht Iwan I. von Moskau den Titel »Großfürst« und gibt ihm den Auftrag, unter seinen Nachbarn Ordnung zu schaffen.
1370–1405	Tamerlan (Timur Lenk) herrscht über die Mongolen. Hauptstadt seines Reiches ist Samarkand. Der muslimische Eroberer führt fünfunddreißig Feldzüge und verwüstet den Orient.
1380	Die Tataren unter Emir Mamaj werden am Wachtelfeld »Kulikowo pole« am oberen Don von Großfürst Dimitrij von Moskau geschlagen.

1382	Mamajs Nachfolger Tochtamysch verwüstet Moskau. Dimitrij Donskoj muß erhöhte Tribute bezahlen, sein Sohn wird als Geisel genommen.
1390	Timurs Heere verwüsten das Gebiet der Goldenen Horde bis in die Gegend von Rjasan. Tochtamysch flieht nach Litauen.
1399	Khan Idika besiegt Großfürst Vytautis von Litauen an der Worskla.
1408	Die Tataren stehen erneut vor Moskau und verwüsten die Stadt.
1410	Eroberung von Wladimir. Großfürst Wassili I. von Moskau, der zwischen 1395 und 1405 keine Tribute an die Goldene Horde bezahlt hat, ist ab 1412 wieder tributpflichtig.
1417	Ulug Beg, ein Enkel Dschingis-Khans, läßt in Bukhara die erste Medressa Mittelasiens bauen.
15. Jh.	Die Goldene Horde löst sich in die unabhängigen Khanate Kazan, Astrakhan und Krim auf.
1500–1599	Samarkand ist unter den Scheibaniden Provinzhauptstadt des Khanats Bukhara. Die Scheibaniden nehmen im 16. Jh. den Namen »Usbeken« an.
1510–1533	Filofei, ein Mönch aus Pskow, bezeichnet in seinen Schriften Moskau als das Dritte Rom.
1526	Babur, ein Urgroßenkel Tamerlans, gründet das Reich der Mongolen in Indien.
1547	Iwan IV., »der Schreckliche«, wird in Moskau zum Zaren gekrönt.
1552	Zar Iwan IV. besiegt die Tataren in den Schlachten von Kazan und Astrakhan (1556).
1582	Kosaken zerstören das Tataren-Khanat Sibir und unterstellen die eroberten Länder dem Zaren als Reichsprovinz.
1641	Volksaufstand des russischen Adligen Stenka Rasin unter tatarischer Beteiligung.
1696	Zar Peter der Große erobert die Festung Asow an der Don-Mündung.

14. 7. 1700	Im Friedensvertrag zwischen Rußland und dem Osmanischen Reich behält der Zar Asow. Außerdem wird festgelegt: Der Krim-Khan darf von Moskau keinen Tribut mehr fordern.
1722/23	Russischer Feldzug gegen Persien. Der Zar gewinnt persische Provinzen am Kaspischen Meer, unter anderem Derbent und Baku.
1773	Zarin Katharina die Große läßt in Orenburg eine »Geistliche Versammlung für die Muslime Rußlands und Sibiriens« gründen.
1773/74	Aufstand im Ural- und Wolgagebiet gegen Katharina die Große. Der Anführer, Jemeljan Iwanowitsch Pugatschow, von Tataren und Baschkiren unterstützt, gibt sich als Zar Peter III. aus.
21. 7. 1774	Der Friede von Kütschük-Kainardschi beendet den Türkenkrieg. Rußland erhält Zugang zum Schwarzen Meer, die Straße von Kertsch und die Große und die Kleine Kabardei (Nordkaukasien). Das Osmanische Reich gibt sein Protektorat über das Khanat der Krim-Tataren auf.
1783	Fürst Potemkin erobert die Krim.
24. 10. 1813	Im Frieden von Gülistan (bei Taschkent) erkennt Persien die russische Einflußsphäre im Kaukasus und am Kaspischen Meer an. Die islamischen Kaukasus-Völker leisten bis 1864 Widerstand unter dem Befehl von Imam Schamil.
1829	Im Frieden von Adrianopel erhält Rußland Teile Armeniens und fast das gesamte Donau-Delta.
1853–1856	Krimkrieg zwischen Rußland auf der einen, der Türkei, Großbritannien und Frankreich auf der anderen Seite.
1855	Kapitulation von Sewastopol. Rußland erobert Kars im armenischen Hochland.
1856	Im Frieden von Paris muß Rußland Kars wieder herausgeben, die Donau-Mündung und Teile Bessarabiens abtreten und auf seinen Anspruch, Schutzherr für die Christen im Osmanischen Reich zu sein, verzichten.
1865	Der russische General Kaufmann erobert Taschkent, Bukhara (1868) und Khiva (1873). Samarkand wird 1868

Hauptstadt des Generalgouvernements Turkestan. Der Emir von Bukhara unterstellt sein Land den Russen als Protektorat.

1876   Das Khanat Kokand wird abgeschafft und dem Generalgouvernement Turkestan angegliedert.

1885   Unter Führung eines Derwisch bricht im Fergana-Becken ein Aufstand aus, der auch die Städte Namagan, Taschkent und Kokand erreicht. Er wird erst 1892 niedergeschlagen.

1898   Die Bruderschaft (»Tariqa«) der Naqschbandiya ruft zum »Dschihad«, zum »Heiligen Krieg«, auf.

Baku ist der größte Erdölproduzent der Welt.

1905   Der Kongreß der Muslime in Nischni-Nowgorod und St. Petersburg fordert die politische Gleichstellung aller Muslime sowie religiöse und kulturelle Freiheit.

Fertigstellung der Bahnlinie zwischen Orenburg und Taschkent.

1917   Oktoberrevolution (7. 11.): Rote Garden und bolschewistische Truppen stürmen den Winterpalast in Petrograd; Gründung einer provisorischen Arbeiter- und Bauernregierung unter dem Vorsitz von Wladimir I. Lenin.

In Moskau findet der erste gesamtrussische Kongreß der Muslime statt (1. 5.): Eintausend Delegierte vertreten sechzehn Millionen Muslime. Der Kongreß verlangt das Recht, künftig den Mufti selbst zu ernennen.

Beim 2. Kongreß der Muslime in Kazan (Juli) wird der sofortige Aufbau von muslimischen Administrationen beschlossen.

Sultan Galiew tritt der Kommunistischen Partei bei und baut als Vorsitzender des muslimischen Militärkollegiums eigene muslimische Armee-Einheiten auf.

Die Schüler von Ismail Gasprinski gründen die »Nationalpartei«. Ziel: Die Krim soll ein tatarischer Staat werden.

Auf einem Treffen in Orenburg proklamieren Baschkiren und Kirgisen ihre Autonomie.

Gründung des Zentralrates der Muslime von Turkestan unter Mustafa Tschokajew während des Kongresses der Muslime in Taschkent.

Deklaration über die Rechte der Völker Rußlands. Gründung der transkaukasischen Föderation, Georgien, Armenien und Aserbeidschan erklären ihre Unabhängigkeit.

1918   Gründung der demokratisch föderativen Republik Transkaukasien (22. 3. 1918 bis 1920).

1920   Sultan Galiew und Scherif Manatow gründen eine »tatarische Sowjetrepublik« an der Wolga. Muslimische Bolschewiki fordern eine unabhängige muslimisch-kommunistische Partei.

Bukhara wird von der Roten Armee unter General Frunse eingenommen. Olim Khan, der letzte Emir, flieht nach Afghanistan. Die Khanate Khiva und Bukhara werden zu den Volksrepubliken Choresm und Bukhara.

In Bukhara wird Persisch als Staatssprache abgeschafft und durch Türkisch ersetzt.

Nach dem Einmarsch der Roten Armee findet in Baku der Kongreß der Völker des Ostens statt (September). Die Delegierten (u. a. aus dem Iran, der Türkei, China, Afghanistan und Indien) beschließen eine Vereinigung zur Bekämpfung des Kolonialismus.

1921   Nach einem Dekret des Obersten Sowjet wird die Autonome Sowjetrepublik der Krim geschaffen.

Die Sowjetregierung schickt Enver Pascha nach Turkestan, um die Basmatschen niederzuwerfen. Pascha vereinigt die Basmatschen unter sich im Kampf für ein Großtürkisches Reich. Er fällt 1922.

Die Rote Armee besetzt die unabhängige Republik Georgien (25. Februar).

1922   Staatsvertrag der Ukrainischen, Weißrussischen und Transkaukasischen Sowjetrepubliken mit der Russischen Sozialistischen Föderativen Sowjetrepublik zur Bildung der UdSSR (die Verfassung tritt am 6. 7. 1923 in Kraft).

1924 Neuaufteilung des zentralasiatischen Gebietes: Usbekistan erhält den mittleren Teil des Khanats von Bukhara, den südlichen Teil des Khanats von Khiva, Teile des Gebietes von Samarkand sowie das Fergana-Becken. Turkmenistan erhält die Gebiete westlich von Bukhara, Chorasm und Teile des ehemaligen transkaspischen Gebietes. Tadschikistan erhält das Bergland des ehemaligen Khanats von Bukhara.

1928 Beginn der Zwangskollektivierung der Landwirtschaft und der Seßhaftmachung der kasachischen Nomaden. Ein Drittel der Bevölkerung kommt dabei um.

1929 Stalins erster »Fünf-Jahres-Plan« forciert den Baumwollanbau in Usbekistan.

Tadschikistan wird SSR mit der Hauptstadt Duschanbe (bis 1961 Stalinabad).

1936 Endgültige Aufteilung der Nationalitäten durch Stalin. Einzelne kleine Völkerschaften innerhalb den Sowjetrepubliken werden zu »Autonomen Gebieten« erklärt (u. a. Tatarstan, Baschkirien).

1937 Massenexekutionen der muslimischen Eliten.

1944 Die gesamte tatarische Bevölkerung der Krim wird auf Befehl Stalins wegen des Verdachts der Kollaboration mit den Deutschen nach Sibirien und Zentralasien deportiert. Die Krim wird der RSFSR angeschlossen. (Die Krim-Tataren werden erst 1967 rehabilitiert und erhalten ihre Bürgerrechte zurück.)

1973 In Alma-Ata (Kasachstan) betont Staats- und Parteichef Leonid Breschnew, daß zwei Drittel des Territoriums der UdSSR in Asien liegen, und sichert die Unterstützung Moskaus für die nationalen Belange zu.

1979 Einmarsch der Sowjet-Armee in Afghanistan (27. Dezember).

1985 Michail Sergejewitsch Gorbatschow wird Generalsekretär des Zentralkomitees der KPdSU.

1986 Blutige Studentenunruhen in Alma-Ata gegen die Russifizierung (19. Dezember).

1988	Demonstrationen in Eriwan für den Anschluß der zu achtzig Prozent von christlichen Armeniern bewohnten Enklave Nagorny-Karabagh. Im aserbeidschanischen Sumgait kommt es zu Pogromen von Aserbeidschanern gegen die armenische Minderheit (28. Februar). Zweiunddreißig Menschen kommen um.

Der Gebietssowjet von Nagorny-Karabagh beschließt den Anschluß an Armenien (12. Juli).

Nach blutigen Auseinandersetzungen zwischen Armeniern und Aserbeidschanern (achtundzwanzig Tote) wird der Ausnahmezustand über Nagorny-Karabagh verhängt (17. September).

Gründung der »Birlik«-Partei (Einheits-Partei) von einer Gruppe von achtzehn Intellektuellen als »Bewegung zur Bewahrung der natürlichen, materiellen und geistigen Reichtümer Usbekistans«.

Gründung des »Tatarischen Gesellschaftlichen Zentrums« (TOZ) unter M. Muljukow in Kazan.

Demonstrationen gegen die Russifizierung in Tiflis (Georgien), Baku (Aserbeidschan) und Eriwan (Armenien) (22.–23. November).

1989   Nagorny-Karabagh wird der Zentralgewalt Moskaus unterstellt (12. Januar).

Beendigung des Abzugs der Sowjettruppen aus Afghanistan (15. Februar).

Blutige Auseinandersetzungen zwischen Armeniern und Aserbeidschanern in Nagorny-Karabagh (12. Mai).

Sturz des Muftis Schamsuddin Babakhanow in Taschkent.

Im Fergana-Becken kommt es zu einem Pogrom gegen die Minderheit der Meskheten. Über tausend Menschen kommen um, sechzehntausend werden evakuiert. (Die Meskheten waren 1944 von Stalin aus Georgien nach Mittelasien deportiert worden.)

Das »Tatarische Gesellschaftliche Zentrum« (TOZ) veranstaltet in Kazan eine Demonstration zur Erinnerung an die Schlacht von Kazan von 1552.

Generalstreik in Aserbeidschan als Protest gegen die in Nagorny-Karabagh lebenden Armenier.

1990   Nach Demonstrationen für die Unabhängigkeit Aserbeidschans und blutigen Ausschreitungen gegen die Armenier besetzt die sowjetische Armee des revoltierende Baku (20. Januar). Der Ausnahmezustand wird verhängt.

Demonstrationen für die Unabhängigkeit in Duschanbe (Tadschikistan). Mehrere Menschen kommen um (12. Februar).

1991   Erfolgloser Staatsstreich in Moskau gegen Michail Sergejewitsch Gorbatschow (19.–21. August)

Aserbeidschan erklärt seine Unabhängigkeit (30. August).

Kirgystan erklärt seine Unabhängigkeit (31. August).

Usbekistan erklärt seine Unabhängigkeit (31. August).

Tadschikistan erklärt seine Unabhängigkeit (9. September).

Armenien erklärt seine Unabhängigkeit (23. September).

Turkmenistan erklärt seine Unabhängigkeit (23. Oktober).

Kasachstan erklärt seine Unabhängigkeit (25. Oktober).

Die Autonome Republik Tatarstan verlangt ihre Unabhängigkeit (Oktober).

Die Autonome Republik der Tschetschenen und Inguschen wählt General Dudajew zu ihrem Präsidenten (27. Oktober).

Stichwortverzeichnis

Bildnachweis

Yuri Abramachkin: S. 197 rechts und links
AP: S. 29
Bildarchiv Preußischer Kulturbesitz: S. 209.
dpa: S. 26, 31, 34 oben und unten, 35 oben und unten, 42, 43
Gamma: S. 22, 39, 45, 51, 53, 66, 78 oben und unten, 79 oben und unten, 81, 82, 85, 86, 107, 109, 110, 175
Thomas Gutberlet: S. 20, 33, 37, 57, 59, 62 oben und unten, 63 oben und unten, 65, 68, 70, 71, 74 oben und unten, 87, 88 oben und unten, 94, 95, 98, 99, 102, 111, 112, 114, 115, 116, 118, 124, 127, 133, 136, 141, 143, 145, 147, 149, 153 oben und unten, 155 oben und unten, 158, 161 oben und unten, 165, 166, 168, 171, 176, 178, 183, 185, 189, 190 oben und unten, 195, 203, 204, 206, 207, 217, 218, 221, Farbbildteil S. 1 und 7
Anwar Iljassov: S. 201
Oleg Klimov: S. 41, 59, 130, 135
Cornelia Laqua: S. 54, 61, 93, 101 unten, 212 rechts und links, 214
Genna Ratuschenko: S. 46
SIPA: S. 18, 25, 76 oben und unten, 101 oben, 173, 180, Farbbildteil S. 4
Nabi Utarbekov: S. 40.